青春文庫

図説 「生きる力」は日本史に学べ

一人の男に注目してこそ、人生はおもしろい

加来耕三

はじめに

昨今、歴史に親しむ人が増えていると感じます。

そのことは、歴史に関する著述や講演を生業《なりわい》とする筆者《わたし》としては、喜ばしいことなのですが、半面、娯楽としてただ歴史の知識を消費するだけの人々を見るにつけて、もったいないなあ、と常々、思ってきました。

歴史を面白おかしく物語ったフィクションや、歴史上の人物を完全無欠の人格者として描く小説の英雄譚に感動するだけでは、本当の意味で〝歴史〟に親しんでいるとは言えないのではないでしょうか。

フィクションには学びがありません。物語では、登場人物に都合の良い活躍をさせて、華々しい結果だけを見せるからです。本当に大切なのは、偉業を成した〝プロセス〟のほうです。歴史は先人たちの「生き方の知恵の宝庫」です。彼らの人生のエッセンスを学べば、あなたの未来に活かすことできます。

そのためには、歴史を読みながら、つねに立ち止まって考えることが大切です。すぐに結果を求めるのではなく、この場面で「自分ならどうするだろうか」と考える。そして、歴史の当事者になったつもりで、プロセスを追ってみれば、いくらでも〝やり方〟を吸収できるはずです。

たとえば、豊臣秀吉の〝中国大返し〟などはいかがでしょう。主君の織田信長を明智光秀に討たれた〝本能寺の変〟のおり、秀吉は毛利方の高松城を攻めていました。高松城内に3000の兵、その後方には5万の毛利軍が控えている。囲む秀吉の軍勢は、2万7500ほど……。

本来なら、絶体絶命のピンチです。しかし、秀吉はこの逆境をチャンスに変え、〝大返し〟を成功させて光秀を討ち、天下取りの大きな第一歩を踏み出しました。どうやって切り抜けたのかは、本文で述べましたので、是非参考にしてください。

「ピンチはチャンス」とよく言われます。でも、実際には、危機にしか目がいかない人が多いのも事実。そして、そのままズルズルと衰退して終わってしまいます。

しかし、歴史を眺めてきた筆者としては、「ピンチはチャンスだ」と確信を持って言えます。どんな状況でも、必ずチャンスはあるのです。それをどう見つけて、いかに摑むかで、人生は成功にも失敗にも進むものです。

転機で勝負し、勝って何事かを成し遂げた人物が、歴史に名を残します。秀吉の例にかぎりません。8回も主君を変えた藤堂高虎が、いかにして徳川家康にもっとも信頼された外様大名になり得たのか。引きこもりだった伊達政宗が、なぜ〝男伊達〟で名を馳せたのか。留学先のアメリカで奴隷となっていた高橋是清が、日本国の総理大臣にまで上り詰めた方法は？　いずれの場合も、戦国時代だから、幕末だから通用した、などという狭いメソッドではありません。

本書は、盟友でもある作家の佐野裕《ゆたか》氏が、読者の立場にたって、現代でも通用する考え方やマネジメント、さらには生き方までを筆者に問いかけ、それに答えた記録です。

戦国武将や、財閥を築いた豪商、歴史に残る作品を生んだ文化人など、多彩な人物を取り上げています。好きな人物からでも、興味のあるテーマからでも、自由に読んでみてください。そして、歴史の楽しさを知り、「生きる力」を会得してもらえたら、こんなに嬉しいことはありません。

平成二十八年十一月　東京練馬の羽沢にて　加来耕三

図説「生きる力」は日本史に学べ■目次

2 「栄光」の章　59

3 「戦略」の章

4　「突破」の章

5 「逆転」の章

6「運命」の章　287

カバー写真提供／shutter stock
itm20/shutterstock.com
図版・ＤＴＰ／ハッシィ

本書は、月刊誌『BIG tomorrow』（２０１０年11月〜２０１６年７月）の連載をもとに、加筆・修正の上、新たに編集したものです。

1

「奇跡」の章

その〝天才性〟だけでは捉えられない本当の織田信長

織田信長（1534－1582）尾張の小大名から、天下統一にあと一歩まで迫った武将。秀吉の主君で、家康の同盟者。明智光秀に謀叛を起こされ、本能寺にて49歳で自害。

■桶狭間の戦いは信長の戦い方ではなかった

織田信長の名前を知らない人はいないでしょうが、その実像はあまり知られていません。短気で、天才的な戦略家。そんな多くの人が抱いているイメージは、じつは180度違います。むしろ短気なのは同盟者の徳川家康のほうで、鳴かぬなら鳴くまで〝待つ〟のが史実の信長なのです。

強い敵に対しては、勝てるまで準備を積み重ねていく。相手との対決を避けるためには、おべっかも厭《いと》わない。そうやって粘り強く、勝つ方法を考え続ける。考え抜いた先に、これまでにない発想が生まれ、革新的な戦いで勝利を成し遂げたのです。

努力家の信長が、なぜ、天才軍略家のイメージになったのか。その原因のひとつは、桶狭間《おけはざま》の戦いでした。2万5千の今川軍に、10分の1の兵力で奇襲。あまりに鮮やかな勝利が信長の〝天才性〟を印象づけました。

しかし、彼の戦いの歴史の中で、桶狭間はむしろ〝例外〟です。自軍の準備が整う前に、圧倒的な数の敵に攻められてしまいました。仕方なく大将が一騎駆けするぐらいの、イチかバチかの賭けに出て、幸運にも勝てたのです。

■「槍ぶすま」という新しい発想

本来、周到な準備と、愚直な努力で勝利をめざすのが、信長流でした。

たとえば、彼が編み出した「槍ぶすま」。横一列に並んだ兵が長槍を上下させる戦法です。三間（約5・8m）が普通だった槍を、三間半（約6・8m）に伸ばしたから可能な戦い方でした（信長時代の一間は約1・96m）。

これは若き信長の、努力の結晶でもあったのです。ある日の竹槍合戦で、いつも負けているチームが勝った。興味を持った信長が双方を比べると、勝利組の槍が少し長い。

彼は長槍は有利だと考えます。でも、これは勘違い。当時は槍が生まれてから、200年以上もたった時代です。

もし長い槍が有利なら、すべての槍はその長さになっているはずです。実際、何度実験しても、長槍組は勝てませんでした。

ここで、凡人はあきらめるでしょう。しかし、信長は考え続けます。長い槍が有利なのに負けるのは、突くときに隙ができるからだ。だったら、上から叩けば隙はできない。多くの兵を並べたら敵を寄せ付けない。ついに「槍ぶすま」という、まったく新しい発想にたどり着きました。

織田軍の快進撃を支えた槍ぶすまは、信長がしつこいほど、ひとつの問題に取り組んだ結果なのです。

■劣等感がないゆえに人の痛みがわからない

ご存知のように、信長は天下統一の志半ばで倒れました。その原因となった明智《あけち》光秀《みつひで》の謀叛にみられるように、彼には人の気持ちがいまひとつわからない面がありました。

本人に、劣等感がなかったからですね。父・信秀《のぶひで》の教育方針で、得意なことしかやらなかったため、信長には人がムリをし続けると、ストレスを溜めることが理解できませんでした。

部下たちがやりがいをもって戦っている間は良かったのですが、合戦の連続で疲弊しだしたのに、信長はそのことに気づかず、最後は命取りに……。

いずれにしても、天才・信長のイメージからは何も学べません。むしろ今回紹介したように、コツコツ努力し続けた信長をこそ、見習うべきといえるのではないでしょうか。

信長のイメージ 参

プライドが
高い

じつは…

敵にバカにされても逃げる

実話

強そうに振る舞うのが
戦国大名。
信長は弱そうに見せる

浅井・朝倉軍に挟み撃ちにされかけた金ヶ崎では、イの一番に逃げ出した信長。罵られても平気。弱く見せることで相手は油断してくれる。長篠の戦いでも、織田軍はビビッていると見せて、鉄砲で狙いやすい戦場に武田軍をおびき出して壊滅させた。

信長のイメージ 四

大雑把で
大胆

じつは…

細かいところにこだわる

実話

武田信玄に贈り物。
思わず信玄も
油断した仕掛け

手強い信玄に「尊敬しています」と南蛮渡来の珍品を贈る。疑り深い信玄は、入れ物の器を削れと指示。形ばかりの贈り物なら器には手を抜くと判断したが、漆を幾層も重ね塗りした豪華さに、「信長は俺を本当に尊敬している」と信じ始めた信玄。

▶ 織田信長がめっぽう強かった理由

信長のイメージ 壱	信長のイメージ 弐
人に媚びない	勇猛果敢に攻める
↓ じつは…	↓ じつは…
お世辞がうまい	**負けても負けてもしつこく攻める**
実話	実話
上杉謙信には「上洛の際は私が先導を務めます」と媚びる	**弱い尾張兵は、強い美濃兵に勝てない。そこで一計…**
室町幕府の将軍・足利義輝が、謙信に贈るつもりで絵師に発注した「洛中洛外図屏風」。義輝の死後、信長が代わってそれを謙信に贈り、「あなたが入洛したら、私が先導しますよ」と媚びたメッセージを込めた。それに謙信もつい心を動かされた。	四方を敵に囲まれた美濃の兵は強者ばかり。一方、海に面し、豊かな土地に暮らす尾張兵は弱い。直接対決では勝てないので、信長は「数」で勝負する。金で兵を雇い、年間に何十回も攻めこむ。さすがの美濃兵も根負けし、次々と織田側へと寝返った。

日本史上最も出世した豊臣秀吉の「人心掌握」の極意

豊臣秀吉（1537－1598）信長の足軽から部将に出世。蝦夷地（現・北海道）を除く日本全土を武力で、天下統一。関白にまで出世し、「豊太閤」の名で親しまれている。享年、62。

■身分もカネもない男が天下を取るまで

豊臣秀吉は農民とも足軽ともいわれる家に生まれながら、天下人になるという歴史上稀に見る大出世を果たした人物です。

秀吉を表す言葉に、「鳴かぬなら鳴かせてみせようホトトギス」というのがあります。自信満々な様子が伝わってきますが、じつはそうでもありません。

秀吉のすごさは、相手を徹底的に観察し、どう接すれば思い通りに動かせるかを見抜く力でした。墨俣《すのまた》の一夜城築城など、なかば伝説めいた活躍も多いですが、彼の成功を支えたのは〝人たらし〟と呼ばれるほどの人心掌握術でした。

それは彼が、何の後ろ盾もないところから、のし上がっていくために、必死で身につけた力だったのです。

■じっくり観察するから、大胆な行動がとれる

10代で家を飛び出し、木綿針《もめんばり》の行商などをしていた秀吉。彼が心がけたのは、人に嫌われないことでした。

「猿」と馬鹿にされても怒らず、猿のモノマネをしておどけてみせる。嫌われたら、誰も相手にしてくれないのは痛いほどわかっていました。

それでも、最初に奉公した今川家家臣のところでは、「おべっかを使うな」と同僚から総スカンを喰《く》らって解雇されています。

秀吉は悩んだでしょう。とにかく嫌われないためには、相手を観察するしかない。人の動きを観察し、自分がどうふるまえば嫌われないかを考え抜いたはずです。

もちろん、ただ機嫌を取るだけではありません。たとえば、美濃攻めの際、大沢次郎左衛門という敵将を口説いて、織田方に寝返らせました。ところが、主君の信長は信用できないから、大沢を斬れ、と命じます。困った秀吉は、なんと「私を人

質にして逃げてくれ」と大沢に申し出ました。そこまで自分のことを慮ってくれているのか、と感激した大沢は、美濃（現・岐阜県南部）に帰り、多くの仲間を引き連れて織田家に降参します。

ここでのポイントは、信長と大沢の人間性を見抜いて、秀吉が最適な選択をしていたことです。

大沢が立派な人間だとわかっていたから、自分の命をかけた行動に感激し、寝返ってくれると読んだのです。

一方の信長に対しては、いったん命令に背いても、良い成果さえあげれば評価される、と見込んでいたのでした。

命をかけた行動など、昨今なかなかとれませんが、じっくり観察したからこそ、大胆な行動はとれるのです。

秀吉は信長が死んでから約8年後に、天下統一を成し遂げました。

この驚異的な速さも、人を観察し、味方にし続けたからです。降参すれば敵も許す。それどころか毛利、長宗我部《ちょうそかべ》、島津などは元々の領土をそのまま許すという、寛大な処置を取っています。

▶ 頭ひとつで天下をつかむ 秀吉の5つの戦略

戦略1　我慢する

秀吉は生涯、人の悪口を言わなかった。陰口をたたけば、必ず相手の耳に入ると知っていた。何の後ろ盾もない人間が生き残るには、敵を作らないことが一番だ、ということを知っていたからだ。

戦略2　命を大切にする

秀吉が一番得意だったのは攻城戦。決して無理に攻めず、食料が尽き、敵の戦意が弱まるのを待つ。結果的に味方の犠牲者は最小限に抑えられる。そのため秀吉は、兵の命を大切にする武将として部下から多くの人望を集められた。

戦略3　人を観察する

敵対していた前田利家の城を、わずかな人数で訪れる。あるいは、上洛した伊達政宗に自分の太刀を持たせ、丸腰で大坂城を案内する。いずれも、彼らがその気なら命を奪われておかしくない。しかし、相手の性格を見抜いた行動だった。

戦略4　いちかばちか

できそうもないこと、失敗するリスクが大きいことに直面すると、多くの人はムリだと線を引いてしまう。秀吉はその一線を飛び越える。有名な墨俣一夜城もそう。敵地で攻撃されながら砦を作るなんて不可能と、誰もやらないことに挑んだ。

戦略5　へりくだる

木下藤吉郎から改名した「羽柴秀吉」は、織田家の二大家老である丹羽長秀と柴田勝家の苗字から一字ずつもらった。秀吉はへりくだることに躊躇がない。警戒して上洛しない家康を安心させるために、自分の母親まで人質に差し出した。

その様子を見れば、家康や伊達政宗などの強豪も、秀吉に敵対し続ける理由がなくなります。

大坂城築城や黄金の茶室など、豪気なエピソードに事欠かない秀吉。繊細な神経の持ち主だからこそ、大衆を喜ばせる演出にも気を配りました。

ビジネスマンも、人をよく観察しましょう。パソコンで情報を取ることが得意でも、目の前の相手が何を望んでいるのかを、読み取れなければ仕事はうまくいきません。

来るべき時に備えた徳川家康の「凡人力」

徳川家康（1542－1616）江戸幕府の初代将軍。信長と同盟を結び、豊臣政権下では内大臣に。秀吉の死後、関ヶ原の戦いで覇者となり、大坂の陣で豊臣家を滅ぼす。

■「自分はなんてダメなんだ」が出発点

徳川家康といえば信長、秀吉と並ぶ〝戦国の三英傑〟の一人で、最終的に天下を取り、江戸幕府を開いた始祖。その結果だけを見れば、野心を隠して、天下を狙い続けた人のように解釈されがちです。

しかし、家康が本気で天下取りを考え始めたのは、秀吉が死に、ライバルの前田利家《としいえ》が危篤になった辺りからでした。なぜなら、家康は凡人だからです。意外な感じがしますが、家康には突出した戦略も、新しい政治システムを考え出す発想力も、人をたらし込む交渉力もありませんでした。

しかし、凡人＝無能ではありません。家康は自分が凡人だと自覚していたからこそ、様々な能力を鍛えられたのです。

なぜ、家康が凡人と自覚できたかといえば、織田家と今川家で人質生活を送ったからです。天才肌の信長を見たら、この人のマネはできないと思って当然でしょう。次に、人質になった今川家。義元は桶狭間の戦いで敗れたので、評価が低いですが、実際は志の大きな立派な武将です。〝海道一の弓取り〟といわれ、内政も見事だし、血筋もいい。

そんな二人に挟まれ、三河一国（現・愛知県東部）も維持できない小大名の家に生まれた自分。能力の差を、自覚せざるをえませんでした。

だから、凡人であることを認めたうえで、すごい人からいろいろなことを学ぼうと決めた。この姿勢こそが、天下取りにつながったのです。

有名なのは、徳川家の戦い方を武田信玄の軍法へと一新したことですね。凡人だから敵のやり方をマネるのは屈辱、などと中途半端なこだわりを持ちません。いいものは素直にいい、と取り入れられる。秀吉の時代になって、石田三成《みつなり》をはじめとする〝文官〟がのし上がってきた。非常に計算に優れ、計画的に物事を進め

▶ 優秀な人にはない、徳川家康の「凡人力」とは？

マネる力 凡人だからこそこだわりがない！

上杉謙信や信長のような、天才的なヒラメキで戦うことはできない、と自覚した家康。だが、滅ぼした武田家に伝わる信玄の軍法はマネられると確信。とくに騎馬隊を赤備えの甲冑にして突っ込ませる戦法の有効性に目をつけ、井伊直政に命じて取り入れさせた。敵のやり方でも、良いものの導入はためらわない。

許す力 凡人だから人が頼り！

家康は重臣の酒井忠次に長男の信康を“殺されて”いる。信康の謀叛を疑った信長が、酒井を詰問。その際、酒井は釈明しきれなかった。結果、信康は死罪。家康は彼を失ったことを晩年まで嘆いた。しかし、酒井に対してはお咎めなし。ほとんどの合戦に帯同し、四天王に抜擢。酒井の隠居後は息子に跡を継がせた。

慎重力 凡人だからこそムリをしない！

今川家からこき使われていた家康。しかし、ジャマな義元が桶狭間の戦いで討ち死にしても、軽はずみに動かなかった。もし、新当主の氏真が名将であれば、小国の徳川家はたちまち滅ぼされる。１年かけて情勢を見きわめ、氏真が名将でないと確認できてから織田家と同盟を結んだ。

謙虚力 凡人だから威張らない

家康は、決して家臣を“道具”のようには扱わなかった。年上の家臣は「○○殿」と敬称で呼び、戦場で傷ついた家臣には自身の馬を与え、徒歩になったことさえある。

自分を抑える力 凡人だから本性を出さない！

温厚に見える家康だが、じつは激高しやすい性格だった。しかし、人質生活で自重することを覚える。だが、武田信玄が自分の領地を通る際、ブチ切れて無謀な戦いを挑む。その結果、敗れたのが三方ヶ原の戦いの顚末。猛省する家康。

られる武士。家康は彼らを見て、幕藩体制に応用しました。頭のいい官僚が、政治を進められるシステム。だからこそ、江戸時代は265年続いたのです。

■主に刃を向けた家臣も許して重用する凄み

ただし、凡人ゆえの凄みも持っていました。たとえば、徹底的に石橋を叩いて渡る慎重さ。本能寺の変のあとは、その典型です。信長の後継者争いを傍観しました。織田家を乗っ取るチャンスだ、などと軽率に動かない。秀吉にも、柴田勝家《かついえ》にも味方や敵になるようなことを言わず、様子を見続けたのです。

あるいは、寛容さも常人レベルを超えています。主《あるじ》に刃《やいば》を向けた家臣でも許します。才覚のない自分が乱世で領土を広げるためには、優秀な部下を使うしかありません。本多正信《まさのぶ》は三河の一向一揆に加わって、家康の命を狙った男です。そんな彼が40代で三河に戻ってきたら、謀叛の罪を許したどころか、自分の腹心の部下へと引き上げました。関ヶ原の勝利の裏には、正信の謀略があります。

自分以上の能力を持った優秀な人をうまく使うことができたからこそ、家康は天下をとることができたといえます。

誰よりも強く誰よりも優しい男・西郷隆盛の「人間力」

西郷隆盛（1827－1877）薩摩藩の下級藩士の家に生まれるが、藩主・島津斉彬に認められる。維新の三傑の一人として、討幕に至るまで尽力。西南戦争に敗れて自害。享年、51。

■誰もが見放した相手を西郷は見放さない

明治維新という偉業をなした西郷隆盛《たかもり》は、多くの人に頼りにされました。その理由は、何だったのでしょうか？

腕力？　いいえ。若いとき、右手の筋を切った西郷は、刀を存分に使うことができませんでした。知識？　彼は維新の英雄たちと比べて、英語や海外の知識に詳しいわけではありませんでした。

彼から学びたいのは、その人間力です。周りの人をひきつける魅力、これは上司には必須ですし、部下であっても取引先や顧客などに対しては必要な能力です。

では、人間力とは何でしょうか。わかりやすく、西郷の人間力を次頁の図で示したような、5つの力に分類してみました。

たとえば、「見放さない力」。西郷と大久保利通《としみち》は同じ下級武士の出身です。あるとき、大久保の父が島津家のお家騒動に巻き込まれ、役職を解かれて遠島となってしまいました。

当時の薩摩武士の〝常識〟では、このような場合、切腹して潔白を訴えるもの。しかし、大久保の父は島流しの罰を受け入れます。その態度を周囲では「潔くない」と蔑んで、大久保家との交流を断ちました。

しかし西郷だけは、以前と変わらぬ態度で大久保と接し、感謝した大久保との絆を深めたのです。

そんな西郷自身、2度も島流しの憂きめに遭っています。下級武士の彼を引き立ててくれたのは名君・島津斉彬《なりあきら》。その斉彬の死後、実権を握った斉彬の弟・久光《ひさみつ》と、西郷は折り合いがよくありませんでした。

30代の大半を、遠い島で無為に過ごした西郷。でも、彼は決してあきらめず、本を読み、国について考え、再起を信じ続けました。

▶ 西郷の「人間力」の秘密とは？

相手を立てる力

相手が不利な立場であればあるほど、こちらから頭を下げる

奥州戦争で抵抗した庄内藩——。ようやく降伏した際、勝者の西郷は丁寧な言葉を使い、藩士の刀も取り上げない。敗者にまで敬意を払う姿勢に感動した庄内藩主は、家臣と西郷に兵学の講義を受けたほど。

自分を律する力

お金があっても贅沢をしない。私利私欲に走らない

西郷にとって討幕は、私利私欲のためではない。だから、維新後に政府の閣僚たちが豪華な昼食を囲む中で、彼が食べるのは味噌をつけた握り飯だけ。「これ以上の贅沢をしたら死んだ仲間に申しわけない」が口癖。

人を見放さない力

自分以外のすべての人が見放しても、それに同調しない

大久保利通の父親が、島津家の跡継ぎ問題で嫌疑をかけられた。多くの薩摩武士は切腹して潔白を示す中、彼は島流しに従う。その結果、大久保家は村八分にされるが、西郷だけは変わらずに利通とつきあった。

人に任せる力

細かいことはいわない。任せたら信じる

信頼できる部下を選び、1度任せた以上は口を出さない。ただし、責任は自分が取る。この西郷のリーダーシップを見ていた大山巌は、日露戦争で陸軍の総司令官として、余計な口出しをせず、最後に勝利を収めた。

あきらめない力

何度島流しになっても再起を信じて前を見据える

藩主が替わったことで、西郷は2度も島流しにされる。30代の貴重な時間を世間から隔離された場所で過ごす。しかし、あきらめることをせず漢詩、日本や中国の思想書、歴史書を勉強し、つねに再起に備えていた。

やがて、「あきらめない力」が報われます。幕府に狙われた薩摩藩が他藩と交渉するためには、名の知れた西郷を呼び戻さざるを得なくなったのです。

■有利な立場であっても、相手に頭を下げる

さらに、「相手を立てる力」。有名なのは、薩長同盟の実現ですね。討幕という大義名分はありますが、お互いに戦争した同士だから、わだかまりがある。とはいえ、苦しいのは長州藩です。朝敵の汚名を着せられて、このうえ、憎い薩摩に頭を下げたら、完全にメンツが丸つぶれ……。

そこで、西郷のほうから頭を下げに行く。桂小五郎《かつらこごろう》に、「力を貸してくだされ」と申し入れます。不利な立場を察し、自分から下手に出る。

そして、「人に任せる力」。やるべき方針を決めたあとは、西郷はドッシリと構えて動きません。信頼した相手に任せて、余計な口出しはしない。そのうえで、不都合な事態になれば、自分が責任を取る。この西郷流のリーダーシップは、部下だった大山巌《いわお》や、のちの東郷平八郎などにも受け継がれていきます。

最後は「自分を律する力」。西郷は明治維新の核となった人間です。どんな贅沢《ぜいたく》

をすることもできたでしょう。しかし、昼飯は味噌のついた握り飯だけ。彼の「子孫のために美田を買わず」も有名な言葉です。

私利私欲では動かない。苦境に立たされてもあきらめない。困っている相手には偉そうな態度を取らない。部下に一度任せたら細かい口出しをしないが、責任は自分が取る。

これぞ理想の上司です。どんな時代でも、人がついてくる存在です。

現代に生きるわれわれは、つい肩書きや実績で人が従うだろうと思いがちです。ですが、西郷のような人間力を持つよう努力することができれば、きっと、いまは敵対しているような相手とでも、うまく仕事ができるようになるでしょう。

浮き沈みの激しい人生で身につけた勝海舟のブレない強さ

勝海舟（１８２３－１８９９）幕臣。西郷隆盛や坂本龍馬など〝敵方〟にも認められた人物。日本の海軍の発展や江戸無血開城に尽力。維新後は参議・海軍卿、伯爵。

■何もないところからスタートした強さ

幕末の偉人の中でも、勝海舟《かつかいしゅう》は異色です。

ご存知のように、明治維新で活躍したのは西郷隆盛や大久保利通、木戸《きど》孝允《たかよし》（前名・桂小五郎）、坂本龍馬など、薩摩や長州（現・山口県北西部）、土佐（現・高知県）といった外様の〝雄藩〟の人たち。幕府側では、ほとんどいません。

その中で海舟は、西郷との交渉で果たした〝江戸無血開城〟も有名ですが、維新後も政府の高官として活躍しました。のちに伯爵まで上り詰め、栄誉をも手にしています。

当時は、「二君に仕えず」というのが武士の風習でしたから、海舟の姿勢はやっかみも含め、ずいぶん批判もされました。

しかし、もともと幕臣の時から、「幕府など無用」といって物議を醸《かも》してきた海舟ですから、自らへの批判もどこ吹く風。己《おの》れが正しいと信じたやり方を、貫き通した彼のぶれない生き方には、「生きる力」を学ぶヒントは多いはずです。

なぜ海舟は、そういう生き方をしたのか。彼の生まれ育ちを見るとわかります。

海舟の家系は、もとをただせば武士ではない身分。祖父の代にカネで幕臣の株を買って武士になったものの、海舟の父は小普請組《こぶしんぐみ》という、いわば窓際。正月に餅を用意するのも難しいほどの、貧乏生活を余儀なくされていました。

平和な時代なので、周りを見れば出世する手段としての賄賂《わいろ》や、ゴマすりがまかり通っている。海舟は、無能なくせに家柄だけで威張るヤツが横行する世の中に、憤りを感じていました。

だから彼は、決して人と群れようとはしません。なにもないところからスタートしているから、堂々と正論を主張します。孤立無援を恐れないので、組織の論理にまるめこまれることもない。

とはいえ、自分の置かれた境遇を考えてみると、なにか一つ専門を極めなければ、出世できないとわかっていました。

そこで最初に選んだのが剣術、次が蘭学。医者になるわけでもない武士が、オランダ語を勉強すれば、白い目で見る人もいます。それでもこれしかない、と蘭学にのめり込む海舟。他人と同じ学問を頑張ったところで、人より上にはいけない。西洋流兵学を探究したのも、海舟の反骨心の賜物でした。

その甲斐あって、ペリーの黒船来航により、洋式砲術の重要性が高まったため、ついに彼にもチャンスが巡ってきます。

■悪いときは寝て待てばいい

黒船騒動より一足早い勉強が功を奏して、オランダ語や西洋流砲術の専門家になれた海舟。幕府のエリートが選ばれる長崎の海軍伝習所に、下級の身分ながら入所を認められました。

ところが、そのすぐあとに江戸に軍艦操練所が開校します。出世第一主義の旗本たちは、長崎での勉強は一年少々で切り上げ、さっさと江戸に戻ってしまう。

でも、海舟は帰りません。中途半端な知識では、家柄がいい連中に勝つことはできない。じっくりと一人だけ、足かけ3年あまりものあいだ長崎で勉強し続けるのです。このときに他藩の武士や、オランダの教師と交流したことが、海舟を幕臣でありながら、広い視野を持つ人物に育てたのでした。

とはいえ、海舟は左遷や逆境を何度も経験しています。神戸の海軍操練所が閉鎖された時など、切腹を命じられる可能性もありました。

でも、海舟はジタバタしません。悪い時は寝て待てばいい、という彼の人生訓は、認められては落とされることの繰り返しの中で、身につけたものでした。

現代でも、恵まれない境遇、不遇な時期に落ち込むビジネスマンはいると思います。でも、その環境に挫けることなく、海舟のように反骨心を抱いて、泥臭く踏ん張れば、いつかきっと道は拓けるのではないでしょうか。

身につけた力
反骨心
バカな上司には負けない！

当時、出世するには毎朝、出仕する組頭の家に通ってのお見送りが欠かせない。しかし、海舟はやらない。バカな上司には屈しない。のちに出世してから、老中を通さず、将軍に直接、提案して問題になっても気にしなかった。

身につけた力
続ける力
1つのことをモノにするまでやめない

学問はモノになるまで時間がかかる。その間の苦労に耐えられずに、多くの人は投げ出してしまう。成功や幸運を自ら捨ててしまう人が多い。しかし海舟は、この1つをモノにしないと上にはいけないと信じてやり続けた。

身につけた力
群れない強さ
徒党を組むと組織の論理に潰される

どんな相手にも、海舟は一貫して公明正大に接した。むやみに幕府で徒党を組むことを避けた。組織のパワーゲームに参加すれば、正論を吐けなくなる。たとえ、孤立無援になっても、志を抱いて、持論を曲げないことで、敵からさえ信頼できる人物として評価された。

身につけた力
逆境での身の処し方
下り坂の時はジタバタしない

明らかな左遷、しかも命の危険さえあってもジタバタしない。「人間にも相場というものがあり、下がっている時は、寝て待つ」が信条。江戸で任を解かれ、謹慎を命じられたが、3年後に将軍から直々に呼び出されて復帰する。

身につけた力
ケンカの仕方
ハッタリをかませて相手をビビらせる

「どうしても戦争するなら、江戸中に火をつけて焼け野原にする」と西郷の前でタンカを切った海舟。実際、その手配もして揺さぶりをかけた。家柄で出世した幕臣には、できないケンカ交渉術。ハッタリをかけて相手をビビらせて、主導権を握るのが海舟の交渉術。

▶ 勝海舟は浮き沈み人生の中で実力を蓄えた

1838年 16歳 年に1回しか仕事がない窓際武士

家督を継いだところで、海舟の所属は小普請組。台風が去ったあとに江戸城を見回り、修繕が必要な箇所を調べるのが役目。といっても出番が来るのは年に1～2回程度。実態は下級の窓際武士…。

↓

1838年 16歳 蘭学を始める。のめり込む

オランダの言葉や技術を学ぶ蘭学。医療を志す人が多いが、海舟は砲術などの兵学を勉強する。"外国かぶれ"に見られ、バイトの剣術指南先を断られるが、身を立てるために蘭学が必要だとのめり込む。

↓

1850年 28歳 賄賂なんて受け取らない！大久保一翁に認められ出世！

西洋流砲術で有名になった海舟は、他藩の大砲製作も請け負う。その際、商人からの賄賂は一切拒否。それを海防・目付の大久保一翁が知ったため、下級の身分の海舟が日本初の海軍伝習所に入所。

↓

1864年 42歳 神戸海軍操練所解散。切腹覚悟で江戸に戻る

日本の未来のために坂本龍馬ら若者を別け隔てなく集めた海軍操練所。幕府は危険な存在と判断し、閉鎖を決定。責任者の海舟を江戸に召喚。塾生たちは止めるが、海舟は切腹命令さえ覚悟して戻った。

↓

1868年 46歳 討幕派を相手に一歩も引かず、江戸を無事に無血開城

京都から連戦連勝をかさねて勢いに乗る薩長の討幕軍。その総帥、西郷隆盛を相手に、海舟は幕府代表として決死の交渉。徳川家は抵抗せずに江戸城を明け渡すとの条件で、将軍や旗本、江戸市民を守った。

ゼロから叩き上げた伊藤博文の「タイミングを読む力」

伊藤博文（1841－1909）長州藩出身の政治家。討幕に尽力し、明治新政府の樹立後には、初代内閣総理大臣など要職を歴任するが、初代朝鮮統監辞任後、暗殺される。享年、69。

■金も才能もないなら身体を張ればいい

伊藤博文《ひろぶみ》といえば、初代の内閣総理大臣ですが、なにをした人物かと尋ねられたら、答えられない人も少なくないはずです。実際、幕末を扱った作品で、彼が活躍する場面はあまり目にしません。知っているようで、知らない人物なのです。

明治に入って、伊藤は〝今太閤〟と呼ばれました。彼の人生は、豊臣秀吉と重なる部分が多いからです。

まずは、出自――。貧農の長男に生まれ、12歳で奉公に出され、父親が長州藩足軽の養子になって、やっと「伊藤」という苗字がもらえるほどの身分でした。

吉田松陰の松下村塾に入塾しますが、優秀だったからではなく、身分を問わなかった塾だから入れたのです。当時の伊藤を、松陰は「君には周旋の才能がある」と評価しました。ただし、人と人の間を取り持つ「周旋力」が高いなんて、武士に対しては褒めているとはいい難いもの。それぐらい伊藤には、特別の才能がなかったのです。

でも、彼はここぞという場面で、身体を張って勝負することができました。凡人が尻込みしてしまう局面で、伊藤は果敢にも攻めたわけです。

たとえば、長州藩が欧米列強や幕府に負けて、保守派が実権を握った時期がありました。藩の行く末を案じた高杉晋作が、「奇兵隊で決起して、藩を動かそう」と促します。

ところが、大半の幹部は反対。謀叛を起こすことになるし、正規軍に太刀打ちできるはずもない。その局面で、「私は高杉さんに、ついていきます」と宣言したのが伊藤でした。その結果、奇兵隊は勝利し、藩の実権を討幕派に取り戻したのです。

初代の総理大臣になれたのも、大胆な行動のおかげでした。

明治政府が誕生して以来、長州のボスである木戸《きど》孝允《たかよし》（前名・桂小五郎）は、心労のあまり政治の中心から遠ざかります。自分も道連れになると憂えた伊藤は、次の主に犬猿の仲である薩摩藩の大久保利通を選びました。

もちろん長州閥からは、裏切り者扱いされるし、大久保が受け入れてくれなければ自滅です。でも、伊藤は大久保に自分をアピールし続け、ついに認められます。すると、その大久保が暗殺され、伊藤は内務卿に昇進。当時の実質的な、国家のトップです。そこで内閣制度の導入を押し進め、伊藤は初代内閣総理大臣に選ばれました。

彼がとった行動は一見、無謀にも見えますが、人との周旋をする中で多くの情報を得て、伊藤なりの見通しもあったうえでの決断でした。

伊藤は自分にビジョンやこだわる才能がないからこそ、集めた情報を偏見なく見ることができた、ともいえます。それも、ここが勝負どころだ、というタイミングを読めた要因でした。

自分に都合が悪くても、反対陣営の声でも、全方位の情報を集めるべきです。そして、最後は身体を張って勝負をする。そうすれば、伊藤のようにタイミングをものにして、成功することができるはずです。

▶ ゼロから上り詰めた伊藤博文の逆転の手法①

1841 1歳

百姓の長男として誕生。貧しくて12歳で奉公へ

苗字もない、農家の家の長男に生まれた。貧しさから12歳で奉公へ。父親が伊藤家の養子になったことで、苗字を得る。

1863 23歳

長州藩の一員としてイギリスへ留学

吉田松陰の松下村塾で学んだ伊藤。高杉晋作、桂小五郎などに気に入られ、長州藩の代表としてイギリスへ留学を命じられる。

1866 26歳

幕府に攻められ長州藩は追い詰められる

下関戦争でイギリスなど4カ国に攻められた長州。さらに幕府の討伐軍に負け、3人の家老の切腹などの降伏条件を飲まされる。

四カ国に攻められ長州藩が危ない! 藩命を待たず帰国!

イギリス留学中だった伊藤は、アメリカ、イギリス、フランス、オランダの4カ国が長州藩を攻めることを知って即座に帰国。藩命を待たない行動は死罪のリスクも…。だが、藩の危機を見過ごせない。藩は列強に敗北。講和交渉で、高杉晋作の言葉を伊藤が通訳。領土割譲の要求を断固、拒否する。

幕府には勝てない… 皆が尻込みする中、突撃!

欧米列強に負け、幕府の討伐を受けて、長州藩は弱気になった。幕府の機嫌をとる保守派が実権を握る。これでは藩が滅びる、と考えた高杉晋作は、奇兵隊によるクーデターを計画。が、幹部は「無理です」と反対。そのとき、「私は行きます」と名乗りを上げた伊藤。藩の正規軍を撃破して、実権を取り返した高杉。

▶ ゼロから上り詰めた伊藤博文の逆転の手法②

1871　31歳

岩倉使節団の一員としてアメリカにわたる

明治新政府が誕生。多くの志士を失った長州藩において、伊藤は大出世。条約見直しの交渉に赴く岩倉使節団の一員として渡米。

1885　45歳

貧農の出身からついに初代総理大臣に就任

大久保利通亡き後、事実上の内政のトップとして、伊藤は内閣制度を推進。初代内閣総理大臣に選出。貧農から上り詰めた。

1909　69歳

併合した大韓帝国で民族運動家に暗殺された

初代韓国統監となった伊藤。ロシアと交渉のため、中国ハルビン駅に降り、民族運動家から3発の銃弾を受けて生涯を終えた。

長年お世話になった木戸から薩摩の大久保に鞍替え

松下村塾から伊藤は、木戸孝允の世話になってきた。しかし、維新後、長年の苦労から木戸はウツ状態に…。このままでは自分の立場も危うくなると考えた伊藤は、木戸を見限る。選んだのは大久保利通。長州とは仇敵である薩摩の大物の傘下に入る。渡米する船の中で延々と自分を売り込み、大久保に認められる。

国の命運をかけた日露戦争。開戦を明治帝に進言

日本とロシアの軍事力は10倍の差。伊藤は、最後まで戦わずしてすむ方法を模索したが、万策尽き、明治天皇に進言。「もし、ロシアが上陸すれば、不肖伊藤も一兵卒として戦います」と開戦を説得。開戦後は、日本が有利なうちにアメリカ大統領に依頼して、講和条件をまとめる工作にあたる。

実力がなくても首相まで上り詰めた山縣有朋の「出世力」

山縣有朋（1838－1922）明治政府の軍人・政治家。長州藩出身。討幕を経験、徴兵による国軍を設立。総理大臣、内務大臣など多くの要職を歴任した。享年、85。

■平凡でも結果は残せる

山縣有朋《やまがたありとも》は長州藩士として討幕に奔走し、明治になってからは国民皆兵化によって近代化を推進。また日清・日露戦争では日本陸軍のトップとして勝利に貢献……とキャリアを見ると、すごい人に見えますが、実際は平凡といっていい人物です。

では、なぜ、結果を残せたのか。優秀な部下に支えられたこと、危ない橋は渡らず、失敗を避けつづけたことなどが、まずは考えられます。

とはいえ、ふつうの人物が総理大臣にまで上り詰めたのですから、それだけでは成し得ません。山縣は自分の「強み」と「限界」を知り、行動の基本にしました。

これはあたりまえのようで、意外にできない人が多いのです。

彼は長州藩の卒族《そつぞく》（足軽以下の下級武士）に生まれています。本来、二本差しの刀を一振しか許されないような下級の身分でした。

このままでは出世できない、と考えた彼は、身分を問わない奇兵隊に入ります。槍が少しできた以外、何の強みもない山縣でしたが、事務処理能力には多少の自信がありました。そこをトップの、高杉晋作《しんさく》に売り込みます。

幕末で一旗揚げてやると目論む連中は、派手な動きを好みます。地味で手柄を立てにくい事務処理をやりたがる人間はいない。とはいえ、組織を動かす以上、事務仕事は不可欠。山縣はできる範囲の中で、自分の居場所を確保することに成功しました。事務的なことに興味のない高杉は、それらを山縣に一任――。

次第に山縣は、奇兵隊の人事権まで掌握していきます。こうして彼は、長州藩内で重要人物にのし上がっていったのです。

■自分を知り、活かし、限界を超えない

高杉によって出世の糸口をつかんだ山縣ですが、この恩人に背を向ける一面もあ

▶ 実力のない山縣有朋が認められたのは5つの力のおかげ

能力1　上司を選ぶ力

幕末の志士には革新的な人物が多い。独創性のない山縣は、自分の力は“ナンバー2”の位置でもっとも発揮されると自覚。できるだけ自分を引き上げてくれる人間を選んで、下につくことをくり返した。最初は高杉晋作、大村益次郎、西郷隆盛、そして大久保利通といった具合だ。

能力2　ハッタリ力

明治政府内では、薩長出身者が勢力争いをしていた。長州の最大派閥は“松下村塾派”だったため、山縣は顔を数回出した程度の関わりでも、「私も松下村塾出身です」と主張。自分の価値を上げた。平凡な人間は、使えるものは何でも使うぐらいの開き直りと、ハッタリで勝負する場面も必要。

能力3　あいまい力

自己主張をして、流れを変えられるのは優秀な人間。山縣のような凡人は、大勢が決するまで、自分の色をあいまいにしてしのぐ。陸軍のトップ、西郷が征韓論を掲げ、大久保利通と対立した時もそう。旗色を鮮明にせず、西郷が失脚すると、大久保に近づき、陸軍の権力を掌握した。

能力4　見捨てない力

下級の身分から出世した山縣は、下の人間の気持ちを汲み取り、絆を深める努力を欠かさない。飲み会や懇親会をよく開催して、全員に声をかけ、一度仲間と認めたなら見捨てない。木戸孝允に「よろしく頼む」と紹介された桂太郎には目をかけ、総理大臣にまで引き立てた。

能力5　1つの強みを最大化する力

武芸、学問はいずれも平凡な山縣だが、物事を実務レベルで処理する能力には長けていた。たとえば、天才的な軍略家の高杉晋作の発想も、現実的な山縣の処理力のおかげで具現化した。自分は何も生み出せなくても、言われたことを完璧に実行する能力を最大化すれば、評価される。

りました。高杉が長州藩の主導権を握るため〝功山寺挙兵《こうざんじ》〟と呼ばれるクーデターを起こすのですが、手を貸してくれ、と頼まれた山縣は拒否。が、高杉派が快進撃を見せると、すぐに駆け付けました。

これこそが、自分の限界を知る山縣の生き方です。自分を引き立ててくれる人の下につき、ナンバー2の座を確保する。その後、上の人がピンチになっても旗色が鮮明になるまでは動かない。自分が味方したところで、流れを変える力はない、と自覚しているからです。もちろん、保身も考えています。

人の採用に関しても、山縣は自分の限界を超えません。たとえば、大久保利通はどの藩の出身者でも受け入れ、使いこなす器量がありました。一方、山縣は長州藩の出身者にこだわります。その結果、権力争いで〝内ゲバ〟の絶えない明治政府の中で、結束力の強い〝山縣閥〟を生み出したのです。

日露戦争で満州軍総参謀長として活躍した児玉源太郎《こだまげんたろう》は、長州の支藩から山縣が見出した人物でした。

自分を知り、活かし、限界は超えない。あまり格好よくはありませんが、世の中を渡っていくうえで、山縣の生き方は習うべきところはあると思います。

むやみに衝突しない木戸孝允の「逃げる力」とは？

木戸孝允（1833－1877）明治の元勲。長州藩出身の代表的な政治家。前名・桂小五郎。薩長同盟を結び、討幕を果たし、近代国家の成立に貢献した。享年、45。

■〝逃げるが勝ち〟の生き方

木戸孝允《きどたかよし》は志士の時代、「桂小五郎《かつらこごろう》」と呼称していました。この名前のほうが、あるいは読者にはなじみがあるかもしれません。

幕末の長州藩でリーダーシップを発揮し、薩長同盟を成立させ、明治維新を成し遂げた人物です。そんな木戸の、一番得意な能力は何であったと思いますか？

情報の収集と先を読む力、交渉力、あるいは人をまとめるマネジメント力なども見事でしたが、もっとも得意なのは〝逃げる〟ことでした。なにしろ〝逃げの小五郎〟とあだ名されたほどの逃走の名人です。危険やトラブルから、まず逃げて距離を置く。それが、明治を築いた男の真骨頂でした。なぜ逃げる人間に、時代を変えることができたのか。その秘密を、解き明かしていきましょう。

長州藩の藩医の息子として生まれた木戸ですが、8歳で桂家の養子になります。17歳で吉田松陰《しょういん》の講義を聞き、大義のために生きる大切さを胸に刻みました。

ところが師の松陰は、木戸が27歳のときに幕府に処刑されます。長州藩も幕府と敵対関係になりました。状況が悪化する中で木戸は、生き延びなければ何事も成しえない、と強く思ったのでしょう。〝逃げるが勝ち〟の生き方がスタートします。

長州藩の外交担当となった彼は、京都で情報を収集し、公家や他藩の同志と密会をくり返します。当然、新撰組に追われ、命を狙われる。でも、木戸は決して斬り合いをしません。神道《しんとう》無《む》念流《ねんりゅう》剣術の免許皆伝の腕がありながら、刀を抜かずに、逃げるのです。強いからこそわかる勝負のリスクから、徹底的に身を避けます。

長州藩で木戸以上の秀才だった久坂玄瑞《くさかげんずい》や、師の松陰は逃げられる場面で意地を通したため、若くして命を落としました。木戸はメンツにこだわらず、逃げ続けます。もちろん、弱くて逃げ回る人間には、誰も従わない。戦える強さを持ちながら、いざという時のために〝今は逃げる〟木戸のことを、周囲も理解していました。

■ここぞという場面では断固退かない

ふだんから情報収集に余念がなかった木戸は、逃げの見極めも見事でした。池田屋事件で九死に一生を得たのも、事前に現場を訪れ、不穏な空気を察知。一旦離れたのが、功を奏しました。長州藩内で幕府になびく家老に対し、高杉の奇兵隊が決起した際、革新派と上層部のパイプ役を求められる絶妙のタイミングで、木戸は長州に戻っています。

また、ここぞという場面では断固として退きません。明治政府で五箇条の御誓文を天皇、公家、大名が平等に神前で誓う形を強く主張し、実現したのは木戸でした。

彼の「逃げる力」は、現代でも必要なのではないでしょうか。たとえば職場では、「問題と向き合え」「逃げるな」と強《し》いられる場面が多いでしょう。

でも、対象から距離を置くことで全体を把握し、課題が整理され、新しい解決法が見つかる場合もある。イヤな上司や難問から、逃げる力を身につけましょう。

ただし、逃げっ放しでは何も解決しません。逃げる力を「生きる力」に変えて、いつか必ず〝中心〟に戻る志をお忘れなく。

▶ 木戸孝允流「逃げるが勝ち」で成功する極意

遠くに逃げる

木戸の敵は、幕府や会津藩という巨大な組織。どこまで逃げても、安全圏とはいえない。だから、思いきり遠くまで逃げる。たとえば、禁門の変の後、長州藩が朝敵になった後は、京都にいること自体が危険と判断。現在の兵庫県まで逃げて、一時は生死不明といわれるほど身を隠した。

強いのに戦わない

中途半端な腕の者ほど、自分の強さを見せつけたいから容易に戦う。剣豪である木戸は、命がけの勝負の怖さを知っている。仮に勝っても、大ケガを負えば意味がない。路上の斬り合いを徹底して避け続けた。結果、同志が次々に倒れる中、最後まで生き延びて維新を成し遂げた。

ここぞという時に帰ってくる

逃げるタイミングも大事だが、戻るタイミングも重要。高杉晋作がクーデターによって、幕府に従う弱腰の上層部を一掃した際も、木戸はすぐには戻らない。家老との話し合いが進まず、藩内に「木戸さんでなければダメだ」という世論が出てきてから戻り、一気に藩政改革を進めた。

つねに「逃げ道」を確保しておく

危機に直面してから退路を探していては、間に合わない。普段から情報収集を怠らず、ベストの逃げ道を用意しておく。多くの志士が討たれた「池田屋事件」では、事前に現場を下見に訪れ、不穏な空気を感じて、引き返した。その途中、長州の密会場所を探す新撰組を見て、難を逃れた。

人をハメたり汚職をしない

女好きだった伊藤博文。私腹を肥やした山縣有朋。そして、策略で政敵を陥れた大久保利通。手を汚す者の多かった明治の元勲の中で、木戸は真面目にクリーンな生き方を貫いた。逆に、権力や名誉から遠ざかろうとしたほど。維新三傑で唯一、畳の上で人生の最期を迎えられたのはそのため。

高橋是清の不屈のプラス思考は人生に何をもたらしたか

高橋是清（1854－1936）大蔵大臣、内閣総理大臣、日銀総裁などを歴任。赤字公債の発行を初めて行うなど、評価の高い財政家。二・二六事件で軍人に暗殺された。享年、83。

■〝どん底〟から這い上がる力

高橋是清《これきよ》は昭和恐慌を克服し、日本でもっとも経済手腕を評価されてきた人物の一人です。大蔵大臣を5度務め、総理大臣も経験しています。一見、エリートに見えますが、実際はジェットコースターのような、激動の人生でした。

奴隷契約、解雇、破産、事業の失敗と、ありとあらゆるどん底を味わっています。しかし彼は、なにがあっても自分は幸せものだ、と考え、ポジティブに状況をとらえて前に進みました。

そもそも、不義の子として生を受けたため、赤子のまま仙台藩の足軽の家に養子に出されます。

勉強ができたので、語学研修で渡米するメンバーに選抜されたのですが、ブローカーが悪徳業者で、なんと奴隷として売り飛ばされてしまいます。

渡米していた仙台藩士に救い出され、帰国後は、開成学校（現・東京大学）に入学。英語が堪能だったので、いきなり教員として採用されます。ところが、芸者に入れ込んでしまい、教師をクビに。そのあとは官庁や、地方の学校で働いては辞めることをくり返しました。

ようやく34歳で、特許局の初代局長に就任。このまま官僚として安定した人生を進めるかと思いきや……。

ペルーで発見された銀鉱山への、投資話に飛びつきます。会社を設立して、是清は相当額を出資しました。

でも実際に、ペルーへ契約に行ってみると、銀鉱山は廃鉱で、完全な詐欺だと判明。慌てて会社を解散しますが、是清は債務を精算するために、１５００坪の邸宅を売り払い、借家暮らしを余儀なくされます。

官僚としての地位も失い、手がけた事業はことごとく失敗。ついには〝山師〟と呼ばれるまでに、落ちぶれてしまいます。

■40歳からの再スタート

どん底に落ちた是清に、救いの手を差し伸べたのは日銀でした。

ところが、役職付きで迎え入れようという誘いに、「銀行のことは初めてですから、丁稚奉公《でっちぼうこう》させてください」と、是清は答えました。そこで日銀の建物を建築する、現場監督からスタートします。

30代後半の是清は猛勉強を続け、ついには日銀の総裁、大蔵大臣、総理大臣と上っていきました。日本でもっとも評価の高い財政家が、経済を本格的に学んだのは、40歳近くになってからだったのです。

どんな逆境でもあきらめない、是清の不屈のプラス思考と、勉強する姿勢を、あなたも「生きる力」のヒントにしてみませんか？

1歳

誕 生

“不義”の子として養子に出される

父は幕府のお抱え絵師だが、母親は子守奉公に来ていた女性。不義の子として赤子のまま、仙台藩の足軽の家に養子に出される。

14歳

アメリカに留学

勝海舟の子らと意気揚々と渡航

仙台藩は語学に力を入れ、利発な是清は研修生として抜擢。ついには、勝海舟の子らとともに選ばれて、本場アメリカへ留学。

14歳

奴隷にされる

ブドウ園などで働きながら勉強

留学を手がけたのは悪徳ブローカー。なんと奴隷契約書にサインさせられ、ぶどう園で酷使される。ツラい語学研修になった。

16歳

英語の教師に

東大に入ったが教師よりも英語上手

元仙台藩士の助けでアメリカから帰国。開成学校（現在の東大）に入学し、学生となる。だが、英語が堪能なので教師待遇に。

▶ 最後は頂点に上り詰めた高橋是清の人生年表

17歳

芸者遊びでクビ

先生、先生と言われいい気になり遊び放題

世間知らずの17歳が、「先生」扱いされて有頂天。芸者遊びにハマッてしまう。やがて、なじみの芸者の家から学校に通う始末。

33歳

特許局の局長に

手に灸をすえながら漢学を猛勉強

東大をクビになり、佐賀県の学校の教師に。朝から飲むほど酒に溺れる。反面、手に灸をすえながら毎日3時間漢学の勉強に打ち込む。その甲斐あり、再び出世。

36歳

山師にだまされる

ペルーに銀鉱山を買うが、すでに廃坑だった

特許局の初代局長に。順風満帆かと思いきや、出資したペルーの銀鉱山への投資話が詐欺……。一気に、名誉と金を失った。

58歳

日銀総裁に就任

現場監督から叩き上げて総裁の座を射止める

落ちぶれた是清に、日銀から入行の誘い。丁稚奉公から、と願い出て、現場監督に就任。やがては、総裁の座まで上り詰める。

68歳

第20代総理大臣へ

蔵相を5度務め、最後は2・26で暗殺

総理にもなるが、大蔵大臣の手腕を買われて合計5度務める。軍部の意にも従わず、83歳のときに2・26事件で暗殺される。

2

「栄光」の章

能力を超えて実力を発揮した足利尊氏の意外な「魅力」

足利尊氏（1305－1358）室町幕府の初代将軍。後醍醐天皇とともに鎌倉幕府を打倒するが、のちに南北朝に分かれる。「逆賊」と呼ばれたが、近年再評価が高まる。享年、54。

■自分の実力を超えて実績を出す方法

室町幕府の初代将軍・足利尊氏《あしかがたかうじ》。幕府を開いた人といえば、源頼朝《みなもとのよりとも》と徳川家康がいますが、2人とくらべると尊氏はいまひとつ、マイナー。能力もけっして、高くはありません。

そんな彼が、どうして天下を取れたのでしょうか？　秘訣は「愛嬌」でした。これが人並み外れてある。接した人を惹《ひ》きつける尊氏の魅力。優しいし、気配りができるうえに欲がない。

どんなことでも、ずば抜けるとそれは大いなる武器になります。中途半端が、一番あぶない。ずば抜けて愛嬌があった尊氏は、能力が低くても天下を取れました。尊氏の生き方は、参考になります。自分の力の何十倍、何百倍の実績を残せるのですから。

——愛嬌とは……、つまり情けなさですね。

そもそも、足利家は名門。当時の鎌倉幕府をトップとするなら、足利家はナンバー2の家柄です。本来なら、政権をひっくり返す必要はありませんでした。

でも、尊氏の祖父が「私の孫が天下を取る」と遺言して切腹してしまうのですね。尊氏は天下を取るか、切腹するかを突きつけられたわけです。死ぬのはイヤだから、しぶしぶ挙兵したというのが、真相でした。

こんな、日本史の英雄は珍しい。見事に鎌倉幕府を倒すのですが、のちに政策の違いから、手を組んでいた後醍醐天皇と争う立場になってしまいます。そのときは「オレはこんなはずじゃなかったのに……」と泣き言を漏らします。

また、湊川《みなとがわ》の合戦で楠木正成に負けて、九州へ逃げる途中では、「オレはここで死ぬ、死ぬ」と騒いで、周りが必死で止めています。情けないけれど、その度合いが突き抜けていますから、周囲はそこに愛嬌を感じるのです。

優秀なヤツからすれば、すごく可愛い存在に見えたのでしょう。

だから、尊氏を心底憎いという敵はいなかった。そのうえ、彼は人の悪口を絶対に言いません。これも好かれたポイントです。一度は負けても人望が高いので、再起し、皆が協力してくれたおかげで、数々の敵を打ち払えたのです。

■周囲に「支えたい」と思わせる人の共通点

尊氏は能力は低いけれども義理堅く、情に厚い。

だから、多くの人がついてくるわけです。鎌倉幕府を倒す際も、「鎌倉にいる妻子が殺されてしまう」と悩む。周りは「そんなことにこだわっていたら天下は取れません」と突っついたほどです。

でも、単なる優柔不断ではない。いよいよというところまで来ると、尊氏は決断します。合戦がイヤで、勝手に出家していた時期に、弟の直義《ただよし》が敵軍に囲まれ、危ないと知ると、自ら戦地に駆けつけて弟を救っています。人望はある。中身がない大きな器のような性格だから、どんな相手でも、いくらでも受け入れられます。しかも裏表がないので、仕える方も仕えやすい。

▶ 足利尊氏に学ぶ"天下"のとり方

愛嬌はこんな武器になる①

周りが放っておけなくなる

弟の直義とケンカしたとき、北朝の創始者である尊氏がなんと、南朝に降参しに行く。そういう格好良くないことを平気でやる。だから、優秀な人間からすれば「ダメなヤツだな」と可愛く感じ、放っておけなくなってしまう。

愛嬌はこんな武器になる②

実態よりも器が大きく見える

欲も能力も低めの尊氏は、カラの井戸のようなもの。それが、力のある人間からみれば、本当は何を考えているかわからず、大量の水があるように感じる。人の悪口や陰口を言わず、人を受け入れるので、器が大きく感じられた。

愛嬌はこんな武器になる③

周りの賢いヤツが自滅していく

尊氏が天下を取る原動力となった弟の直義と、家臣の高師直。2人とも賢く、合戦も強い武将ゆえに、お互いに相手をライバル視。尊氏に取って代わることは考えず、2人で激突して、結局は自滅し、残ったのは尊氏。

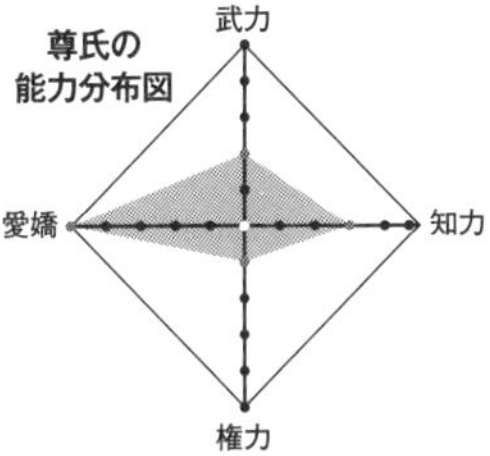

もっと強く、賢い人というイメージがあったかもしれないが、実際はそれほどでもない、というのが実情のよう。しかし愛嬌、人望の点では抜きんでて優れていた。

さらに尊氏は欲のない人物で、惜しみなく人に物品や金銀などを分け与えます。室町幕府には毎朝、全国から進物が届けられました。ところが、夕方にはその贈物の山はなくなっているのです。尊氏が「これをやる。持って帰れ」と家臣や客人に、全部プレゼントしてしまったからです。

尊氏の開いた室町幕府は、日本史上で最も権力の弱い政府でした。尊氏が他の大名に気前よく、領地もバラまいてしまったので、天領（幕府が直接支配する土地）が少ない。有力な守護大名が2つ3つ連合したら、いつでも倒せる程度の兵力しか、室町幕府は持っていなかったのです。

それでも、足利家は15代の将軍を出し、〝室町〟という華やかな時代を築きました。初代の尊氏のイメージが踏襲され、武力で統治するのでなく、大名同士の揉め事に対する調整能力に長けた機関だったからこそ、長期政権になったといっていいでしょう。

歴史の激流を生き抜く時、優秀な人は大抵殺されます。

尊氏の弟の直義は優秀で、合戦も強いし、頭もいい。足利家に代々仕えた高師《こうのもろ》直《なお》もそのタイプでした。尊氏を支えたこの2人が、ついには戦います。高師直は倒れ、残った直義も弱って自滅。結局残ったのは、能力で2人に劣る尊氏でした。

自分を中途半端に、賢く見せようとしてはダメですね。半端な欲を出せば、ライバルや上司から警戒され、潰されかねません。

「私は何もできません。助けてください」と言うのも有効な手なのです。

ずば抜けて情けなければ、それは愛嬌と受け取られ、皆が支えてくれる。そしていつか、そんな自分に天下が回ってくるかもしれないのです。情けない、と思う自分を見捨ててはいけません。

あえて〝バカ〟を演じた黒田長政の「自己演出力」

黒田長政（1568－1623）軍師・黒田官兵衛の長男。関ヶ原の戦いでは東軍の勝利のため、調略を尽くした。幕末まで続いた筑前福岡藩の初代藩主。享年、56。

■ヴェールに包まれた実像

戦国武将・黒田長政といえば、黒田官兵衛《かんべえ》（諱は孝高《よしたか》）の息子。非常に優秀な父親を持つ長政ですが、読者の皆さんには、どんなイメージでしょうか。無骨な荒武者？　あるいは軍師の才能は父には及ばない？　そんな描かれ方が、小説の世界では多いようですね。

筆者《わたし》はどれも、大きな誤解だと思っています。長政は傑出した軍師であり、スケールでは父の官兵衛を超えていました。なにしろ関ヶ原で、徳川家康を勝たせた男ですからね。にも関わらず、凡庸な2代目に見えるのは、長政の〝自己演出〟の効

▶ 黒田長政は父・官兵衛を反面教師にして成功した

天下を狙う器量の持ち主といわれたのに、小国の領主で終わった官兵衛。そんな父の人生を反面教師にした長政は、失敗した理由を検証し、自らは違う道を選んだ。

息子・長政		父・官兵衛
猪突猛進の武者を演じる 謀略の才能を持ちながら、関ヶ原以外では力を発揮していない。短気で、腕力にものをいわせる武者としてふるまい、"上司"から警戒されなかった。	⬅	**切れ者過ぎて警戒された** 本能寺の変のおり、官兵衛は「あなたにチャンスがきた」と秀吉にささやく。緊急事態においても冷静に状況を見ており、その能力を秀吉に警戒された。
家康に徹底的に忠誠を尽くす 次の天下人は家康だと察したら、徳川の天下のために献身的に協力する。なんと妻を離縁して、家康の養女と再婚したほどの徹底ぶり。	⬅	**隙あれば家康を倒そうとするが…** 東軍と西軍が争っている最中、九州で第三勢力として天下を狙っていた官兵衛。戦勝報告にきた長政を、なぜ家康を殺さなかった、と叱る。
身体が強く武功をあげる 大柄で、槍を振り回し部下と先陣争いをする長政！14歳で初陣して以来、四国、九州、朝鮮など数々の戦場で自ら武功をあげている。	⬅	**身体が弱く、武功をあげられず** 幼少時より文弱で、身体が頑健でなく、槍働きは苦手。幽閉生活で左足が不自由になってからは、本陣で采配をふるうだけになった……。

果であったのです。

「ワシは信長公、秀吉公に警戒されたが、そうならなかったおまえは、じつに見事である」

官兵衛は遺言状で、長政をそうホメています。

秀吉の天下統一に大きな貢献をした官兵衛ですが、同時にそのキレ者ぶりを主君・秀吉にさえ恐れられてしまいました。

冗談で「ワシの死後、天下を取るのはあいつだ」と言われたほどです。結果的に、官兵衛の領地は、京・大坂から遠い北九州にたったの12万石……。

その父の姿を見て育ったのが、長政です。どんなに能力を発揮しても、主君に警戒されては出世はできない、と実感したのでしょう。

なにしろ長政は、織田家での人質時代は竹中半兵衛《たけなかはんべえ》（諱《いみな》は重治《しげはる》）と暮らし、その教えも受けています。日本を代表する軍師2人の教育を受けたのですから、謀略の資質は計り知れません。

とはいえ、その頭脳の切れ味を前面に出せば、父の二の舞です。そこで彼は短気で、合戦では部下と先陣争いをするような猪武者——つまり、〝真逆のキャラ〟を

▶ 次々に武功をあげた黒田長政の合戦年表

1587 ■ 秀吉の九州征伐に参加

12万5000石を獲得

九州征伐で功をあげ、官兵衛と合わせて12万5000石の領地をもらう。それからまもなく、官兵衛は隠居し、長政が黒田家の当主に。

1592 ■ 朝鮮出兵で三番隊を率いて奮戦

石田三成との対立が決定的に

朝鮮各地の城を落とす武功をあげる。しかし、秀吉に叱責される場面もあり、報告した石田三成との間に大きな溝ができていく。

1600 ■ 関ヶ原の戦いで大活躍!

①大物を味方に引き入れる

秀吉のいとこでもある福島正則。彼を口説き落としたことで、後ろめたさの消えた豊臣恩顧の大名たちが、家康の味方についた。

②切り込み隊長として活躍

西軍の主力である石田三成軍と、正面からぶつかる黒田軍。長政自ら切り込み隊長として大奮戦、猛将・島左近を負傷させた。

③小早川、吉川を調略

毛利軍の指揮をとる吉川広家を調略し、戦場で中立を守らせた。小早川秀秋には合戦中に裏切らせ、関ヶ原の勝敗を決定づけた。

1615 ■ 大坂冬の陣・夏の陣で盤石に

黒田家は幕末まで残る

官兵衛亡きあとでも磐石。大坂冬の陣では嫡男を、さらに夏の陣では、自ら参戦して、豊臣家を滅ぼす。黒田家は幕末まで残った。

演じました。わざと、単純な人間のフリをしたのです。

効果はバツグンでした。猛将・島左近《しまさこん》が、「黒田長政の甲冑姿を見たら失神するぞ」と妻にいうほどのコワモテのイメージを確立。加藤清正《きよまさ》や福島正則《まさのり》ら荒くれ大名達と仲良くできたのも、同類と思われたからでした。

こんな長政が、じつは謀略を仕掛けさせたら天下一だとは、誰も思わなかったでしょう。

■自分を7分目ぐらいに見せるのがコツ

本領を発揮し、調略の能力を全開にしたのが、〝天下分け目〟の関ヶ原です。

そもそも石田三成は、豊臣秀頼のために挙兵したと公言。その時点で、家康に同行していた大名たちは動揺します。そこで長政は秀吉のいとこ・福島正則を説得しました。その結果、軍議で福島は開口一番叫びます。

「我々が戦うのは、秀頼様を利用している石田三成だ！」

福島の発言で、流れは家康に傾きます。

勝敗を決定づけた小早川秀秋《こばやかわひであき》の裏切りも、じつは長政の手柄。家康は心から感謝を示しました。

筑前（現・福岡県北西部）50万2400余石（52万石は三代・光之《みつゆき》から）という、大きな領地を与えられた長政。父・官兵衛のように警戒されなかったのは、長政が父を超えたということでしょう。

自己演出は必要ですが、自分を大きく見せようとするのは、ときに逆効果です。長政のように、自分を7分目ぐらいに見せるのが賢い演出法といえるかもしれません。そして、ここぞという〝天下分け目〟の場面で、存分に己れの謀才を発揮してください。

伊達政宗を支えた智将・片倉小十郎に学ぶ覚悟の示し方

片倉小十郎（1557－1615）伊達政宗の傅役《もりやく》で、軍師の役割も務めた。独眼龍の偉業の、ほとんどに貢献。政宗より10歳年上で、大坂の陣のおり、病で他界した。享年59。

■並々ならぬ〝胆力〟の持ち主

片倉小十郎《かたくらこじゅうろう》（諱は景綱《かげつな》）といえば、伊達政宗がもっとも信頼した家老です。

彼がいなければ、奥州の覇王・独眼龍政宗は誕生しなかった、といっても過言ではないでしょう。なにしろ、世をすね、引きこもっていた政宗に自信をつけさせ、豊臣秀吉や徳川家康が一目置く武将へと育てあげたのは、小十郎でしたから。

彼には並々ならぬ、〝胆力〟がありました。目の前の仕事に覚悟を決めて全力でぶつかるのです。そしてその胆力こそ、京で〝男伊達《おとこだて》〟と人気を博す政宗の生き方の原型となりました。

▶ 伊達政宗を支えた片倉小十郎の軍師年表

1585 **「人取橋《ひととりばし》の戦い」で政宗の命を救う。**
「伊達政宗ここにあり!」と周囲に身替りをアピール
4倍以上の敵に攻められ、大混戦。政宗は周囲から孤立し、敵兵に囲まれた。小十郎は「ひるむな片倉、政宗ここにあり」と叫び、敵兵をひきつけて、主君の窮地を救った。

1589 **「摺上原《すりあげはら》の戦い」で大逆転を果たす!**
南奥州の覇権を手にする
敵地で、裏切り者が出て、向かい風の状況で苦戦。押し込まれるが、やがて風向きが変わり、味方に有利に。劣勢でもあきらめずに、粘った小十郎だからこそ逆転できた。

1590 **天下統一目前の秀吉から呼び出し!**
迷う政宗の背中を押す
家中で主戦論が多い中、政宗は夜中に小十郎邸へ。団扇で蠅を追うポーズをし、秀吉とつかず離れず距離を保つのがベスト、と小十郎。吹っ切れた政宗は、秀吉のもとへ参陣。

1591 **一揆を扇動した罪で秀吉に睨まれる。**
絶体絶命のピンチを救った一手
実際に政宗が指示していた密書を、秀吉に押さえられる。だが、こんな事態に備えていた小十郎は、密書と公文書では政宗の花押(サイン)に差別化をしていたため、難を逃れた。

■主君・政宗に言い放ったひと言

「男は顔ではありません。大事なのは中身でございます」

教育係となった小十郎は、幼少の政宗にそう言いました。この言葉こそ、小十郎の覚悟を象徴し、政宗との信頼関係を築いた第一歩なのです。

当時9歳の政宗は、5歳のときに患った天然痘で右目を失明。毒素が入った右目は醜く垂れ下がっていたといわれています。そのため、内向的な性格となり、母親や重臣にうとまれ、弟のほうが可愛がられていたようです。

そんな政宗の、トラウマの根本である〝顔〟の話題に触れた小十郎の態度は、一見、デリカシーのないものに感じます。実際、政宗は小十郎を避けて、ますます引きこもる結果に……。

しかし、顔のコンプレックスを克服しなければ、誰もが認める伊達家の当主にはなれません。本気で政宗の将来を思うからこそ、真正面から向き合った小十郎。裏目に出れば、政宗は立ち直れなくなるかもしれません。その場合には小十郎は、潔く腹を切る覚悟だったでしょう。

もとは神主の息子という、武士ではない出自でありながら、政宗の父・輝宗《てるむね》から引き上げてもらった恩に報いたい一心だった小十郎。その強い思いは、政宗にも届きます。

■死をも恐れぬ胆力で秀吉に認められる

やがて政宗は、小十郎に心を開きます。垂れた右目の手術を受ける勇気を出し、武芸の稽古にも励みました。小十郎の誠意を受け入れたのです。

人目を避け、おどおどしていた少年が、死を前にしても動じず、自己主張できるようになったのは、小十郎から胆力を学んだからでした。

それは天下人との初対面でも、存分に発揮されます。豊臣秀吉に小田原へ呼び出された時のこと、出遅れたために、死罪を言い渡されるのを覚悟した政宗は、白装束で現れ、逆に秀吉に気に入られました。

たとえ窮地でも、堂々とふるまう小十郎譲りの胆力は、その後も伊達家を救います。他国の一揆を扇動した企みがバレて、政宗が指示した密書が、秀吉の手に渡ってしまったことがありました。動かぬ証拠を突きつけられた政宗の答えは……？

「私の書状には、必ず花押に針の穴を通しています。この密書には穴がないので、間違いなく偽物でしょう」

密書が漏れた場合に備えて、小十郎と細工を施していたのです。とはいえ、状況からして一揆を扇動したことは明らかで、こんな小細工は秀吉に、「フザケルナ」と一蹴されても仕方ありませんでした。が、堂々と述べる政宗に、秀吉はそれ以上の追及をあえてしませんでした。

今も昔も、覚悟を決めて全身全霊で仕事に打ち込むことが、自分を変え、人を動かすことにつながるようです。

信長の無理難題に結果で答えた滝川一益の生き方

滝川一益（1525－1586）織田家の部将。武器の技術改良などを任され、信長から絶大な信頼を得た。本能寺の変で主を失い、最後は秀吉につき、天寿を全うする。享年、62。

■派手さはなくても実績と能力はメジャー級

滝川一益《たきがわかずます》は信長配下で5本の指に数えられる人物ですが、柴田勝家や豊臣秀吉に比べ、知名度はマイナー。そんな地味な存在ながら、実績と能力は十分にメジャー級です。なにしろ、当時最強といわれた武田軍団を倒した功労者であり、秀吉より多くの領土を与えられ、信長の後継者・信忠《のぶただ》の教育係にも任命された逸材でした。

しかも、織田家の生え抜きではなく、中途採用からの這い上がり組。信長のむちゃな命令にも黙々と取り組み、成果を上げて信頼を得ました。

そもそも一益は、諸国を放浪中に織田家に採用されています。この経歴は、明智光秀と似ていますが、一益には光秀と異なる、大きな弱点がありました。

じつは、人を斬って故郷を追われた、お尋ね者だといわれています。それでも、信長は採用しました。採用の理由は、一益の鉄砲に関する技術と知識です。一益は諸国を放浪する間に、最新兵器の鉄砲の操練を学び、腕を磨いていました。

そのため、彼は鉄砲の名手でありながら、メカニズムまで熟知している技術者でもあったのです。

すぐに、織田家で頭角を表した一益。しかし、鉄砲に詳しいだけでは、信長は方面軍司令官にまでは抜擢してくれません。次々に与えられる無理難題を、一益は懸命にクリアし続けたのです。

最初の課題は、鉄砲の改良。当時の火縄銃は、火をつけてから撃つまでに時間がかかるシロモノでした。それを試行錯誤して、ついにはいまの〝カートリッジ式〟のように、着火から発射までの過程を大幅に短縮したといいます。これで、織田軍の戦力は何倍にも上がりました。

あるいは、水軍を強化しろといわれれば、水軍専門の九鬼《くき》嘉隆《よしたか》と競うように、鉄甲で覆われた船を建造して、信長の要求に応えました。

▶ 滝川一益は織田信長の無理難題をどう解決したか

雨でも鉄砲を撃てるようにしろ！

カバーをつけて改良。戦力は何倍にもアップ

当時の最新兵器である火縄銃。しかし、雨が降ると火種が濡れて使えない欠点が…。一益は研究と改良を重ね、ついに火種を覆うカバーを開発。悪天候の合戦で一方的に鉄砲を撃てるので連戦連勝。

武田家を滅ぼせ！

“三段構え”で騎馬隊を撃破！ 天下統一へ

鉄砲隊が三交替で撃った…という話は俗説。実際は、騎馬を防ぐ馬防柵を三重に設置し、それぞれの鉄砲隊が“三段構え”で火縄銃を発射。一益の発案ともいわれ、日本最強といわれた武田軍を壊滅的に倒した。

鉄の船を造れ！

船の数が少ないのを鉄の船でカバー

大坂本願寺の抵抗勢力が、毛利水軍の海上からの支援を受けて、なかなかしぶとい。織田水軍は数が少ないので、一益は鉄甲で覆われた船を建造。火矢に強く、大砲も積める“新型艦”で敵を撃破した。

■与えられた課題をひたすらこなした

もちろん、鬼上司の信長の要求は技術面だけではありません。

織田家には「進むも、退くも滝川」という言葉がありました。一益は先鋒でも殿《しん》軍《がり》（最後尾）でも上手くこなす、という意味です。つまり、それだけ遊軍として、あちこちの戦場である意味〝便利〟に使われた証拠です。

それでも一益は、不平ひとついわずに黙々と役割を果たしました。職人のように、コツコツと仕事に取り組む。こういうスタイルは、上司から信頼されます。

最近は上司に命じられても、「自分は忙しい」「できない」という部下も多いと聞きますが、それでは信頼を得て大きな仕事を任されるのは難しいでしょう。

実際、信長は一益に対して最大級の評価を与えています。たとえば領地ですが、秀吉に与えたのは滋賀県と兵庫県の一部ずつだけ。ところが一益には、三重県の大半と群馬県を与えているのです。そのうえ、自分の後継者、嫡男・信忠の教育係まで一益に任せています。

猜疑心の強い信長が、一益を全面的に信頼したのは、一益には変な出世欲がなか

▶ 滝川一益の実像とは？

部下の鑑のような一益。
だが、彼の長所は状況が変われば短所にも……。

長所		短所
出世欲がないからプレッシャーもない 信長の過酷な要求に、ムリを重ねて爆発したのが明智光秀。しかし、一益は出世には無関心で、いい仕事をするだけ、という姿勢で取り組み、結果を出した。	▶	**周りを気にしないから全体が見れない** 出世に関心がないと、"社内"の勢力図や力関係には疎くなる。主人の信長がいなくなると、次の天下人が秀吉だと読めず、柴田勝家に味方して敗れる。
まじめで信頼される 技術改良、苦戦している地域への援軍など、一見、損な役回りでも真摯に取り組む。成果をあげても、決して上から目線にならず、周囲からの信頼が厚い。	▶	**理でなく利で動くのがわからない** 自分の欲が弱いため、他人も亡き信長のために、織田家を守ると信じて疑わない。人は利益で動くのが世の常。内にこもらず目を外に向けるべき。
人を裏切らない 下剋上の世の中で、信長が自分の後継者である嫡男・信忠の教育係にしたのは一益。彼は、武田家を滅ぼした功績も、表向きには信忠の手柄として譲った。	▶	**後ろから刺される** 交渉ごとは得てして、目の前の相手よりも味方だ、と思っていた背後から足元をすくわれる。人を裏切らないのは美点だが、相手もそうとは限らない。

ったからでしょう。

失敗したら評価が下がるとか、ほかの部将は合戦を命じられたのに、なぜ自分は技術開発の仕事なのだ、などと余計なことを考えない。ひたすら与えられた課題を解決していくことに、一益は集中するタイプでした。

その逆が、明智光秀です。能力は一益に劣らないのに、出世欲が強いため、他者の目を気にして、プレッシャーを感じるタイプ。やがて、自分で自分を追い込んで信長に刃《やいば》を向け、ご存知のように最後は自滅してしまいました。

ただし、一益の生き方は組織のナンバー2まではなれても、ナンバー1にはなれません。また、安定した状況で計画的に物事に取り組むのは強味ですが、想定外の変化には弱いようです。

本能寺の変で信長亡きあと、表舞台から姿を消すのはそのためです。読者の皆さんは、一益の長所を学びつつも、それが短所にならないように気をつけてください。

〝先の先〟を常に考えていた細川藤孝の勝負強さの秘密

細川藤孝（1534-1610）足利義輝、義昭、織田信長、豊臣秀吉、徳川家康と5つの政権を生き延びた武将。教養が高く、知略に富んだ人物としても有名。享年、77。

■あらゆる事態をシミュレーションしておく

細川藤孝《ふじたか》（のちに号して幽斎《ゆうさい》）は、戦国乱世で5つの政権を生き抜いた武将です。もちろん、ほかにもそういう人物はいますが、多くの人々は、新しい天下人に頭を下げて許しを請うたり、渋々降伏したケースがほとんど……。

藤孝はまるで違います。堂々と生き残り、歴代の天下人から優遇されるポジションを常に獲得しました。

もともと、名門・細川家に養子として入った藤孝。順調に見えた彼の運命は、32歳のときに急変します。主《あるじ》である13代将軍足利義輝が、松永久秀らに暗殺されたのです。自邸にいた藤孝は難を逃れますが、完全に追い込まれました。

主の敵討ちに出向いて玉砕するか、降伏して逆臣として生きるか。進退極まった状況の中で、藤孝は〝第3の方法〟を考えつくのです。僧になっていた義輝の弟・覚慶《かくけい》を、「次期将軍候補」として立てて、奈良を脱出させ、還俗させて「義秋《よしあき》」と名乗らせました。

それから3年、流浪の旅です。藤孝には、世の中には想像できないことが突然起きるという現実が、さぞや骨身に染みたことでしょう。現役の将軍が白昼に襲撃されるなどということは、常識で考えればありえないことです。

そこで、元々インテリでしたが、藤孝は以前にも増して書物を読み、勉学に励みます。貧乏な旅の合間に、各地のお堂でわずかな灯の下、必死に教養を高めました。知識を蓄え、平時からあらゆる事態を想定して、非常時に備える、いわば〝先の先〟の習慣を身につけました。常人はことが起こってから、つまり〝後の先〟を考えてしまいますが、それでは間に合わないことを藤孝は経験から学んだのです。

■なぜ〝第三の方法〟を選ぶのか

40歳まで放浪して辛酸をなめた藤孝ですが、織田信長と出会い、ようやく苦労が報われます。自ら将軍候補にした義秋を、15代将軍・足利義昭《よしあき》にすることができたのでした。その将軍義昭が信長に離反し、京都から追放された後、藤孝は信長の直臣に取り立てられ、領地も拡大。ところが、またもや危機が藤孝を襲います。

ご存知、本能寺の変。じつは藤孝の長男・忠興《ただおき》の嫁は、光秀の娘・玉《たま》（洗礼名はガラシャ）。光秀は自分の味方になるように、と藤孝を誘ってきます。周囲は完全に、明智軍の支配下。断れば、攻め滅ぼされることは必至……。

ここでも藤孝が選んだのは、第3の方法でした。「自分は信長公を弔《とむら》いたい」と出家したのです。光秀は、武人ではない僧を討つことはできませんでした。

藤孝がこの危機においても選択を間違わなかったのは、「もし信長が死んだら、次の天下人は？」とつねづね考えていたからでしょう。きっと光秀ではない。だから、どんなに好条件で誘われても迷わなかったのです。

日頃から、問題意識を持って考える習慣を身につけておきましょう。あらゆる状況をシミュレーションして対策を練っておけば、不利な二者択一に追い込まれたりしません。藤孝のように、かならず第3の方法を準備できるはずです。

こうした

義輝の弟・義昭を15代将軍に立てる

戦おうにも、多勢に無勢で勝ち目はない。とはいえ、裏切り者に降参するのは屈辱。逃げ出せば「臆病者」と呼ばれる。そこで藤孝は、義輝の弟の義昭を“将軍候補”として立て、堂々と京都を抜け出した。以後、諸国を放浪し、復活を図る。

こうした

明智光秀を使って間接的に信長に連絡

義昭の重臣たる藤孝は苦しい。密告すると裏切り者。しかし、見過ごせば謀叛に荷担…。そこで光秀に対して「将軍様がよからぬことを企むので、諫めたが耳を貸さない。もう隠居したい」と申し出た。光秀を通して、信長に義昭の謀叛が伝わる。

こうした

朝廷に戦の仲立ちをしてもらう

豊臣と徳川の戦いを予期していた藤孝。それに備えて『古今和歌集』の正しい解釈の講義を朝廷で始めた。その解釈は藤孝を含め、数人しか知らないもの。藤孝に死なれては困る朝廷は、西軍に「藤孝を攻めるな」と通告。藤孝は堂々とピンチを脱した。

▶ 細川藤孝は誰も考えつかない方法で危機を脱出した

危機1

主の足利義輝が家臣に殺された

突然、家臣の松永久秀が謀叛を起こし、13代将軍の足利義輝を殺害。この非常事態を、藤孝は別の屋敷にいて難を逃れた。しかし、京都の街は、すべてを松永軍が支配。絶体絶命の状況に。

〈方法1〉
多勢に無勢で戦って死ぬ

藤　孝　は

〈方法2〉
降参して生き延びる

危機2

15代将軍義昭が信長に謀叛を企てる

信長の庇護により、念願の15代将軍の地位に就いた義昭。ところが、信長に実権を握られていることに不満を抱き、謀叛を企てる。武田信玄や上杉謙信など各地の武将に密書を送り始めた。

〈方法1〉
義昭に荷担する

藤　孝　は

〈方法2〉
信長に密告する

危機3

関ヶ原の戦い。三成軍に囲まれる

東軍に味方した細川家。息子の忠興がほとんどの兵を率いて出陣した後、西軍1万7000の大軍が、藤孝の残った城を囲む。城内には老人や女、子供が1000人程度。勝負にならない。

〈方法1〉
玉砕

藤　孝　は

〈方法2〉
降伏

なんでも受け止めた藤堂高虎の「断らない力」

藤堂高虎（1556－1630）低い身分から、伊勢津藩の初代藩主になった戦国大名。幾度も主君を変えたことで有名。水軍、築城術、諜報術など数々の技術をもつ。享年、75。

■主君の命令を断らない人

織田信長の妹であるお市の方を妻としながら、越前（現・福井県北部）の朝倉義景《あさくらよしかげ》とともに織田・徳川連合軍と死闘を繰り広げ、のちに信長に攻められて自刃した浅井長政《あざいながまさ》。その浅井家に仕えたい、と武将人生をスタートさせた藤堂高虎《とうどうたかとら》をご存知ですか？　のちには、家康から最も信頼された武将となりますが、現代までの彼の評価は決して高くありません。

その理由は主君を幾度も変え、最後の最後で秀吉の子・秀頼から家康側に乗り替えた、変節のイメージが強かったからでしょう。

しかし、戦国時代は、「七度《ななたび》、主家を変えてわが家を知る」という倫理観がふつうでした。いかに強い武将の下で働くか、武士は必死で主探しをしています。

では、この藤堂高虎、何がすごいと筆者が認めるかといえば、この人物は主君の命令を「断らない人」だったからです。元々、高虎は「身分」も「学」もありませんでした。浅井家の正式な家臣ですらない。10代は就職浪人。ただ並外れた体の大きさがあり、裸一貫、槍一本でのし上がるつもりでいました。

5番目に仕えた主人の羽柴（のち豊臣）秀長《ひでなが》が、はじめて高虎の素質を見込んでくれます。とはいえ、与えられた試練は、本人には過酷そのもの……。

上司から「鉄砲」を学べ、「兵站」をやれと、どんどん専門外の別の仕事に回されます。これは営業一筋のサラリーマンが、突然、経理に配属されるようなもの。「自分には合っていない」と言ってふて腐れるか、人によっては左遷されたと感じるかもしれません。しかし、もともと何もないところから這い上がってきた高虎には、変なプライドがありませんでした。断らずに、彼は二つ返事で引き受けると、新しい課題に必死で取り組みます。

鉄砲は自ら玉を込め、火薬の計算から習う。経理は算術から教えを請う。一から勉強し、着実に力をつけていきました。城づくりの名人といえば、加藤清正と藤堂高虎と言われますが、高虎は鉄砲や経理などを学ぶうちに、どうすれば攻略しにくい城が造れるかが、わかるようになったのです。

クサらずに、現場で学ぶ姿勢が、彼の才能を伸ばしました。

■いかに天下人の信頼を勝ちえたか

上司の命令で、未経験の仕事に変えられることを不満に思わず、新しいことを学ぶチャンスだ、と発想を転換した高虎。そのひたむきな活躍を秀吉が認め、城持ちの大名に取り立てました。さらに、家康も彼を大事にします。

家康は幼いころ人質になったトラウマから、簡単に人を信用しません。

その家康が、高虎を信頼しました。本来、機密情報である城の設計を任せ、忍びを使った諜報任務さえ与えています。古くからの家臣ではない外様大名の高虎に、ここまで心を許すのは例外中の例外です。上司の一見、無茶とみえる命令も断らず、やり遂げることで実力をつけ、天下人からも信頼されて大出世した高虎。彼こそ現代人が、「生きる力」を学ぶべき人物ではないでしょうか。

▶ 32万石の大大名に出世した藤堂高虎の軌跡

石高	主人	評価	特技
わずか	浅井長政	**つねに先陣、しんがりで目立つ** 鎧兜をつければ2m以上の高虎。そんな大男が、槍を振るえば戦場で目立つ。彼を召抱えたいという武将は多かった。ところが、当時の浅井家は負け続き……。雇いたくても元手がない。手柄に対して少なすぎる給金に不満を抱き、結果的に高虎は次々と主君を変えていく。やがて、浅井家は滅亡。	槍
3000石	豊臣秀長	**一から勉強し直すとは偉い！** 要領のいい人なら、鉄砲の基本だけを学び、あとの実務は部下に任せてしまう。しかし、高虎は自分自身で一からコツコツ学んだ。弾の飛ぶ距離、火薬の詰め方、どう並んで撃てば効果的なのか…。その謙虚で勉強熱心な姿勢を、主君・秀長は高く評価し、高虎に 3000石を与えた。	槍、鉄砲
1万石弱	豊臣秀長	**何でも謙虚に学び、見どころがある** 元々、高虎には学がない。子どもの頃、勉強できる環境ではなかったため、算術もイチから学ぶハメになる。しかし、彼はイヤイヤ取り組まず、知らないことを知る面白さに目覚めた。秀長は高虎を一国一城の主にするため、槍以外にも合戦に関する全般を学ばせる目的で、畑違いの役目を与えていた。	槍、鉄砲、簿記
8万石	豊臣秀吉	**知識・経験を活かした築城の依頼が殺到** 槍や鉄砲による攻撃、武器·食糧の補給などを身につけた高虎は、築城術に興味を持つ。どんな城が攻めにくく、守りやすいかを体験で知っているため、実戦向きの独自の城をいくつも築いた。多くの大名から相談を持ちかけられ、のちに家康が御三家のひとつ、名古屋城の設計まで依頼するほどに。	槍、鉄砲、簿記、水軍
32万石	徳川家康	**家康が死ぬ時には枕元に侍り、後事を託される** 子どもの頃、人質生活を送り、家臣から何度も裏切られてきた家康は、誰も信じない性格。それほど猜疑心の強い男が、外様大名（昔からの家臣ではない武将）で唯一、心を許したのが高虎。家康の死に際には、枕元まで呼び、徳川家のことを託される。藤堂家は幕末まで生き残る名家となった。	槍、鉄砲、簿記、水軍、築城、諜報活動

うぬぼれず、出しゃばらない名参謀・本多正信の生き方

本多正信（1538－1616）徳川家の重臣。一時、離反するが、帰参すると、家康の参謀として智略を駆使。関ヶ原の勝利に貢献。江戸幕府の礎を築く。享年、79。

■本多正信が生き方を変えたある「きっかけ」

本多正信《ほんだまさのぶ》は、徳川家康に天下を取らせた名参謀。豊臣秀吉にとっての、竹中半兵衛・黒田官兵衛のような存在です。

しかし、それほどの重臣でありながら、正信は45歳で徳川家に出戻ってきた経歴の持ち主でした。

じつは、20代の彼は己れの力を過信して、家康の命まで狙っていました。が、その後の長い放浪生活で、鼻持ちならないエリート意識が消え、組織の中で独自に生きていく術《すべ》を学習。集団の中で、謙虚にふるまえるようになりました。

ときにはバカのふりをしてでも、家康のために働く忠臣に変わったのです。組織に生きる〝切れ者〟には、正信の生き方は参考になるでしょう。

正信は20代から優秀でしたが、当時の徳川家では評価されませんでした。理由は2つあります。まず、鷹匠《たかじょう》の次男という身分の低さ。もうひとつは、才能を鼻にかけ、傲慢な態度で周囲に接していたからです。

低い評価が不満だった正信は、一向一揆に参加します。将として智略を発揮し、一時は主君の家康を追い詰めますが、最後は平定されてしまいました。

謀叛の罪を許されても、正信は徳川家には戻りません。もっと自分を高く買ってくれる相手を探して、全国を放浪したのです。

しかし、就職先は見つからない。豪傑なら一人で強さを証明できますが、どこの馬の骨ともわからぬ軍師に兵士を預けて、能力を試す武将などいません。やむなく一揆の集団に雇われて、戦場を転々とする歳月……。

徳川家を離れて18年、正信は悩み苦しみました。一度は組織で生きることを捨てましたが、自分の力は組織の中でこそ発揮できるのではないか、と思いたったのです。自省する45歳の正信に、徳川家から帰参の誘いがきました。自分を活かす最後のチャンスと、彼はありがたくこれを受けます。プライドを捨て、恥を忍び、頭を下げて、再び自分を知る人々の組織の中に戻ったのでした。

■自分を賢く見せようとしていないか

一度は命を狙った家康の下に帰った正信を、ほかの家臣たちは信用せず、露骨に嫌いました。それでも、世間で苦労して成長した正信は耐え忍びます。有能ぶりをアピールせず、一見バカに見える言動をしてでも、徳川家にとって大事なことを優先しました。

その顕著な例が、関ヶ原の合戦に至る軍議です。正信は智略を振り絞り、日本中の大名を三成派と家康派に分けることに成功しました。

ところが、東軍を率いて出陣しようという段階で、正信は「敵が予想以上に多いので、江戸で守りを固めましょう」と言い出すのです。本多忠勝《ただかつ》ら歴戦の猛将は、「この勢いで決戦しなければ勝機を逃すわ」と一喝。家康もその意見を褒めて、軍議は出陣に決しました。

もちろん、正信はあえて弱気な発言をしたのです。決戦の形を整えた以上、自分

▶ バカのふりして力を発揮した本多正信

格好をつけない

信長が光秀に討たれた際、家康は少人数で堺にいた。明智軍が迫る中、三河まで帰るのは困難。本多忠勝ら武将が「敵中を突破しよう」と覚悟を決めるが、正信は「遠回りして伊賀の山中を越えましょう」と説得。道中で、土豪や盗賊に金を渡して回り、家康を領国に無事に帰した。

敵をすぐに倒さない

豊臣家に忠実な三成は、家康を敵視し、難癖をつけてくる。でも正信は、三成を放置。三成が発言権を増せば、彼と仲の悪い加藤清正、福島正則、黒田長政などの猛将は、いずれ徳川に味方すると読んだからだ。予想通りに反発が起き、豊臣側は２派に分裂した結果、関ヶ原の合戦に至った。

わざとダメな意見を言う

三成挙兵の報告を受けた軍議で、正信は「守りを固めて様子を見ましょう」と弱気な提案。ほかの武将達は「それでは勝機を逃す。一気に軍勢を進めて決戦だ」と反論し、家康も彼らを支持する。天下分け目の戦いを前に、徳川軍の気持ちをまとめるため、あえて正信は真逆の発言をした。

主君のためにとぼける

大坂冬の陣の和解の条件は、「大坂城の外堀を埋めること」。だが、徳川方は内堀まで埋めた。豊臣方の猛抗議を受けて、現場に赴いた正信は、「おかしなことになりましたなあ」ととぼける。約束違反の責任を家康からそらし、豊臣方の恨みが自分に集中するように不名誉な役を演じた。

ほうびを受け取らない

榊原康政や本多忠勝など徳川家の重臣の領国は 10 万石以上。一方、正信の領地は２万石程度。家康が何度も加増しようとしたが、正信は固辞した。参謀が大国をもらえば、武将達は「戦場で命を賭けてるのは俺達だ」と妬む。そのため、生涯、加増を固辞し、微禄で家康に仕えた。

は退き、徳川家臣団の強い意思で〝天下分け目〟の合戦に挑む流れがベストだからです。その結果、家康は天下を掌握しました。

人は誰しも、自分を良く、賢く見せようとするもの。でも、それで本当に周囲の評価や、仲間の信頼を得られるでしょうか。周りに花を持たせたり、バカを演じたほうがいい場面もある。それができるのが、本当に仕事のできる〝切れ者〟ではないでしょうか。

想定外の事態にもひるまず進む井伊直政の「判断力」

井伊直政（1561－1602）徳川四天王の1人。家臣団は、徳川家の最強軍団と呼ばれる。武勇だけではなく、智謀も優れ、子孫は譜代大名筆頭の35万石、彦根藩主に。享年、42。

■井伊直政があえてリスクを取った理由

徳川家康の重臣・井伊直政《いいなおまさ》は、徳川四天王の1人に数えられています。徳川の家臣団といえば、三河以来の結束が強く、四天王のうち3人は、代々の家臣。しかし、直政だけは中途採用組、自分の代から家康の家臣になりました。当然、そこから這い上がる苦労は並大抵のものではありませんでした。

雇用の流動化が進んだ現在でも、新卒から入社した人に比べ、途中入社組が出世するのは容易ではありません。直政はいかなる力を蓄え、その壁を乗り越えたのでしょうか。

そもそも直政は、出自から恵まれていませんでした。今川家の家臣だった父が殺されて、諸国を放浪。鷹狩り用の鷹の世話をしていたところを、家康に拾われました。

直政は、自分は中途採用組であるというコンプレックスから、戦いではつねに最前線に出ていきます。

同じ徳川の猛将・本多忠勝は、軽装備で体に傷ひとつないといわれましたが、直政は重装備なのに傷だらけ。それだけ果敢に戦わなければ、新参者を下に見る周囲に自分を認めさせるのが難しかったのでしょう。

その分、リスクを負った戦いをくり返して得られた能力があります。それは〝想定外〟への適応力でした。

戦いの最前線は、激戦地帯ですので、突発的になにが起きてもおかしくはありません。予測不能の事態だらけです。

その真っただ中に身を置いて、勝ち残ってきた直政は、マニュアルでは対処しきれない想定外の事態での、動き方・考え方が身につきました。

会議の結論を覆えしてまで攻め時を主張した例や、ルール破りしてでも先陣を切った話は、その一端です（101頁参照）。

■苦労した分、相手の気持ちがよくわかる

一方で、放浪して苦労した分、世間を知っている強みもあります。徳川の昔からの家臣は、三河しか知りませんが直政は違います。

ある負け戦で、逃げてきた家康一行が空腹のあまり、神社に供えられていた赤飯に食いつきました。ところが、直政だけは手を出しません。

「この戦で敗れ、腹を割かれて赤飯が出てきたら、盗人だと後の世まで語り継がれてしまいます」

苦労する中で、つねに自分はどう思われるのか、相手はどう思うのかを考えてきた直政だからこその、言葉でした。ゆえに彼は、外交や権謀術数にも力を発揮するようになり、武勇と合わせて家康にとっては、なくてはならない部将になっていったのです。

現代も、従来の尺度が通用しない乱世です。直政の能力は「生きる力」の必要な今こそ、と確信しています。

結果	なぜそれができたのか
井伊家のために命を惜しまず働いた	**苦労人の直政には相手の気持ちがわかる** 実力主義の戦国時代でも、能力が同じなら引き立てられるのは、生え抜きの家臣。新参者が認められる苦労を実感している直政だからこそ、中途採用の相手の気持ちと誇りを尊重。
三成を破り天下統一	**つねに最前線で戦っているので、空気が読める** 歴戦をくぐりぬけた直政は、“勢い”の大切さを知っている。家康が「全軍で戦おう」とゲキを飛ばせば、迷う大名の気持ちも固まる。福島正則や黒田長政など最強の東軍が誕生。
徳川家の面目が立った	**つねに、何が一番大切なことか考えている** 合戦後、直政は福島正則にルール破りを謝罪。正則が許すと、「関ヶ原で先陣を切ったのは、徳川家だとお忘れなく」と満座で宣言した。天下分け目の決戦で、徳川家のメンツを守る。

▶ 井伊直政は、想定外の事態で正しい判断ができた！

	緊急事態発生！		直政の決断
ケース1	**武田信玄の最強部隊を突然預けられ…** 鎧兜などすべてを赤一色で統一した武田信玄の“赤備え”。戦国最強ともいわれた軍団だが、武田家が滅び、徳川家に仕官。腕に覚えのある中途採用組を丸ごと預けられたのは直政。	▶	**“徳川流”を押し付けず彼らのやり方を尊重** 突然、プライドの高い個性派集団を預けられた直政。ふつうなら、上から目線で徳川流を押し付けてもおかしくない。が、直政は彼らの戦い方を尊重し、その力を引き出した。
ケース2	**石田三成挙兵！緊急会議招集** 上洛に応じない上杉家を討つため、家康に賛同する大名達と“多国籍軍”で会津に向かう。その道中、大坂で石田三成が挙兵した報告が入った。すぐに側近を集めて、徳川家の会議。	▶	**会議の結論は「退却」。しかし「攻め」を進言** 上杉討伐に同行した大名達がどちら側につくか不明。一旦、彼らを帰して、徳川軍だけで迎え撃とうの慎重論に、直政は反対。「このまま全軍で石田軍に向かうべき」と強く主張。
ケース3	**関ヶ原の戦い。名誉の先陣は外様の福島正則に…** 先陣は武将の誉れ。とはいえ、徳川家だけの合戦ではない以上、味方の大名にオイシイ役割を回さなければならない事情がある。会議で、外様大名の福島正則に任せることに決定。	▶	**ルールを破って先陣を奪う** 合戦当日、家康の四男・忠吉を連れて、最前線へと出る直政。福島隊に見つかると、「若君の初陣なので、戦場を見せている」といい訳。井伊軍が西軍への、最初の発砲をする！

大石内蔵助に学ぶ"人の上に立つ"方法

大石内蔵助（1659－1703）赤穂藩の筆頭家老。主君の無念を晴らすため、吉良上野介を討った四十七士のリーダー。本懐を遂げた後、幕府の裁きにより切腹した。享年45。

■ある日、突然に歴史の表舞台に……

大石内蔵助《くらのすけ》（諱は良雄《よしたか》）といえば、忠臣蔵の立役者。とはいえ、映画や小説で展開される『忠臣蔵』は、さまざまに演出されたエンターテインメント。

それだけに、赤穂浪士の忠義はアッパレだ、と感動するだけでは、ビジネスマンには何も活かせません。

もちろん、吉良邸への討ち入りは史実です。それは大石内蔵助の存在なくしては実現しませんでした。でも、浅野家時代の内蔵助は、"昼行灯《ひるあんどん》"と揶揄《やゆ》される邪魔もの、ムダメシ食い。そんな彼が、討ち入りというビッグプロジェクトをいかに成し遂げたのか。いざというときの、力の発揮の仕方を、ここでは紹介していきましょう。

代々、赤穂藩の筆頭家老を務める名門の家に、大石内蔵助は生まれました。子供時代に父親を亡くしたため、祖父母に厳しく育てられます。まだ戦国の気風が残っていた彼らは、内蔵助に対して「武士とはこうあるべきだ」との教育を施しました。19歳で家老見習いになった内蔵助は、2年後には筆頭家老の地位を得ます。武芸を尊び、気骨のある武士としてふるまっていました。

ところが、すでに合戦などない世の中。刀よりもソロバンが得意な者が出世する時代です。幕府の官僚でさえ公然と賄賂を受け取る始末。赤穂藩でも、会議は今年の財政をどうするとか、塩田での商売についての議題ばかり。

筆頭家老とはいえ、商売や算数に疎かった内蔵助の、出る幕はありません。発言する機会も減り、いわゆる定時に出勤して、定時に帰る毎日。やりきれない思いからか、女性とお酒を飲んで過ごす夜が増えます。そして、いつしか付いたあだ名が〝昼行灯〟――。これが20～30代の頃の、内蔵助の実体でした。このまま何事もなければ、お飾りのまま隠居して、平凡な生涯を終えたでしょう。

ところが、江戸城松の廊下で主君の浅野内匠頭《たくみのかみ》（諱は長矩《ながのり》）が刀傷沙汰を起こし、切腹させられます。内蔵助は自ら意図せず、歴史の表舞台に立つことになったのです。

■大事を成し遂げられたのには理由がある

突然、主君が切腹させられ、浅野家はお取り潰し。会社に置き換えれば、いきなり倒産の憂きめです。赤穂の藩士たちはパニック状態。その混乱の中で、リーダーシップを取らざるを得なかったのが内蔵助でした。「浅野家再興のために、早まった行動を取るな」と一同を鎮め、〝退職金〟を「身分の低い者ほど多く配れ」と配慮します。急に、難しい判断を日々迫られることになり、最初は内心、うろたえたでしょう。が、彼は冷静に、的確に対処しています。

祖父に教え込まれた、上に立つ者の教育がここで、はじめて生きてきたのです。堂々とした内蔵助の態度を、赤穂城の受け取りに来た幕府の使者も誉めています。

しかし、刃傷の相手の吉良家にはお咎《とが》めなしで、主君のみが即日切腹という裁きは不公平。庶民は五代将軍・徳川綱吉の発した「生類憐《しょうるいあわれ》みの令」への不満もあり、「赤

▶ 大石内蔵助はいかに危機を突破したのか

突然の非常事態。ふつうの人なら対応できないのに、なぜ内蔵助はできたのか。

	ふつうの人なら		内蔵助はこうした！
危機1 家臣の暴発	**収めることができない** 「赤穂浪士は仇討ちしないのか」という世間のプレッシャーがあり、即行動に出なければいけない気持ちになる。早くやりたい、と訴えてくる仲間の声に流され、説得など不可能。	危機1 家臣の暴発	**2年もの間、耐えさせた** 赤穂藩の取り潰しの際、家臣への分配金を内蔵助は「身分の低い者ほど多く分配する」と提案。生活苦から暴発者が出ないように手配。強行派も説得して、2年近くを耐えさせた。
危機2 討ち入り	**一か八かの賭けに出る** とにかく吉良を襲撃して、苦しい状況からの解放を望む。討ち入りを実行しさえすれば、結果は二の次。やみくもに一か八かの賭けに出て、警戒していた敵からアッサリと返り討ち。	危機2 討ち入り	**絶対負けない用意をした** 討ち入りを決めたら、綿密に計画を練った。茶会があって確実に吉良が屋敷にいる日を調べ、敵1人に対して、味方3人でかかる戦法を徹底。有名な「山」「川」の合言葉も決めた。
危機3 討ち取った後	**本懐を遂げたので切腹** 首尾よく吉良を倒せれば大満足。もはや思い残すことはない、とその場で切腹する可能性が高い。しかし、それでは、単に主君の仇を討った、という私怨を晴らしただけの結果に……。	危機3 討ち取った後	**幕府にケンカを売る** 吉良を討っても、主君の無念は晴れない。不当な裁きをした幕府に対して、自分たちをどう処分するのかを天下に示す。結果、切腹になるが、浅野家も大石家も武士として存続した。

穂浪士は仇討《あだう》ちしろ」と煽《あお》ります。

それでも内蔵助は一時の感情で、ヒロイズムに浸ることはない。堀部安兵衛《やすべえ》などが暴発しそうになると、江戸まで行って自重《じちょう》を説得しています。そして、いよいよ浅野家再興が無理とハッキリしたとき、ついに討ち入りを決意するのです。

ここからは、読者の皆さんもご存じの通りの展開。見事、困難と思われた討ち入りを果たし、本懐を遂げます。つい一年前まで昼行燈と揶揄された内蔵助は、なぜこれほどの大事を成し遂げることができたのでしょうか。

じつは、四十七士の半分以上は、いまでいえば年収20万円に満たない下級武士。そんな彼らの気持ちを、お飾りといわれた内蔵助は理解できるリーダーでした。だから、一丸となれたのです。また、30歳を過ぎてから再び剣術修業をするなど、内蔵助は努力家であったことも成功の一因といえるでしょう。

会社員も、いつ大きな仕事を任されるチャンスが巡ってくるかわかりません。表舞台に立つその日まで、努力を怠ってはいけない。内蔵助はそう言っているように、思えます。

▶ なぜ大石内蔵助は討ち入りの偉業を果たせたか

内蔵助は決して、無能だから窓際族だったのではない。その力は非常時に発揮されるタイプで、しかも討ち入りを成功させる下地も持っていた。

理由 1

じつは努力家。34歳で武者修行

当時、出世目的で習い、20代で辞めてしまう武士が多かった剣術修行。しかし、筆頭家老なのに内蔵助は 34 歳で四国まで師を求めて剣術（東軍流）の修行に励み続けた。剣の腕を磨き、いかなる非常時においても自らを律し、冷静にふるまえる胆力を養った。

理由 2

力を発揮できない部下の気持ちがわかる

立場は筆頭家老でも、経済官僚のような武士が重宝される城内で、内蔵助の肩身は狭かった。すでに合戦はない、平和な世の中。同様に、力を発揮できない部下たちの気持ちも、痛いほどよくわかった。上から目線でないところに、人望も集まった。

理由 3

世の中の笑い者になるわけにはいかない

一方的に切腹させられ、お家断絶になれば、浅野家の恥。「家」を守ることがすべてであった当時の倫理観の中で、筆頭家老としてそのまま終わらせることはできなかった。後世の歴史に、どのように記されるか。そこまで意識して、内蔵助は行動した。

イヤなことを引きずらなかった長谷川平蔵の「頭の切り替え術」

長谷川平蔵（1745－1795）江戸時代の旗本。火付盗賊改方の長官を歴代最長期間、務めた。犯罪者の更生施設・人足寄場の設置を提案。小説のモデルにもなる。享年、51。

■「鬼の平蔵」はいかに逆境を力に変えたか

長谷川平蔵《へいぞう》（諱は宣以《のぶため》）はご存知、小説『鬼平犯科帳』シリーズの主人公。とはいえ、モデルになっているだけで、史実の平蔵は〝鬼平〟そのままではありません。

そもそも生前の彼は、〝鬼平〟などと呼ばれたことがない。むしろ、情け容赦のない拷問で冤罪が生まれやすかった時代に、誠実な捜査をして「今大岡《いまおおおか》」と江戸の庶民に慕われるほどの人物でした。

そんな平蔵が、火付盗賊改方《ひつけとうぞくあらためかた》の長官を務めた期間は非常に長い。上司に嫌われ、通常の任期を超えても昇進できなかったのです。不遇の状況にあってもめげずに結果を出そう、と取り組んだ彼の「切り替え力」を紹介しましょう。

元々、平蔵の父親は京都町奉行に抜擢されるほどのエリート。その偉大な父は、平蔵が29歳の時に亡くなります。悲しみと同時に、自分を監視していた重しが取れた気分になったでしょう、父の跡を継ぐ前に、そんな自分の気持ちを解放する必要がある、と平蔵は考えました。

そこで彼は、1年間放蕩《ほうとう》します。遊女や博徒、無宿者たちと交わって過ごしたのです。この時、旗本としてのみ生きていたら、決してわからない庶民の生活や、裏社会の仕組みについて実体験で学びました。

のちに、火付盗賊改方で犯罪検挙率が高かったのもそのためです。また前科者は、定職につけないから犯罪をくり返すことを知り、犯罪者に職業訓練を施す「人足寄《にんそくよせ》場《ば》」の設置を提案し、実現しました。当時の世界を見回しても、犯罪者に刑罰を与える国ばかりで、教育して更生させるという考えは少数派です。

まさに父の死という悲劇から頭を切り替えて、世情に通じる経験をした平蔵ならではの発想でした。

■老中・松平定信に嫌われるが、はね返す

遊蕩生活から足を洗い、幕臣として父を超えようと励む平蔵に、新たな障害が立ちふさがります。老中が、田沼意次《おきつぐ》から松平定信《さだのぶ》へと交代したのです。定信は〝田沼派〟の平蔵を嫌い、冷遇します（小説では逆ですが）。しかし、平蔵はすねることなく、目の前の仕事を全うすることに、気持ちを切り替えました。

定信が、元犯罪者が多かった岡っ引きなど配下の者の使用を禁じれば、自宅の書画、骨董品を売ってでも、彼らの給料を払ってやります。

平蔵が企画した人足寄場の維持・管理費が増えた際、彼に火付盗賊改方と兼務させます。平蔵は銭相場を張って必死で資金を作り、全力で取り組みました。

火付盗賊改方を、異例の8年間も務めることになった平蔵ですが、逆に見れば、定信が無理難題を吹っかけても、彼を失脚させられなかった、ともいえます。

誰もがいつ、逆境に陥るかわかりません。しかし、そこで腐ったら道はない。頭を切り替えて、目の前のことにのみ力を尽くしましょう。未来のために――。

▶ 必ず結果を出した男・長谷川平蔵の「修正力」①

1745
1歳

400石の旗本、長谷川家の嫡男として誕生

エリート旗本の家に生まれる。23歳で将軍家治にお目見え。小説のように少年時代に継母にいじめられ、グレた事実はない。

1773
29歳

京都町奉行に出世した偉大な父が死去

奉行になれる旗本はごく一部。京都町奉行に昇進した父が死去。偉大な父親を失った平蔵には、気持ちを整理する時間が必要。

1774
30代

将軍世子の警護役から順調に出世していく

1年の空白を経て、職場復帰してからは順調に出世。「先手弓頭」という将軍外出時の、名誉ある警護役を務めた。

平蔵はこう考えた

偉大な父親を亡くした平蔵の心に、解放感と責任感が芽生えたはず。そこで、まずは解放感を満たすため遊びまくる。だが、遊興の魅力に溺れることなく、自ら定めた1年間でピタリとやめる。そのあとは職場に復帰して、父親の跡を継いで責任を果たすことに全力投球。

▶ 必ず結果を出した男・長谷川平蔵の「修正力」②

1787　43歳

上司になった松平定信から嫌われる

後ろ盾となっていた田沼意次が失脚。次の上司となった松平定信は〝田沼派〟を嫌った。平蔵の不遇の時代が始まる。

1789　45歳

捜査をしたくてもカネがない

複雑化した凶悪犯罪を捜査するには、公の人間だけでは手が足りない。とはいえ、岡っ引きを使うには自腹で雇う必要があった。

1795　51歳

火付盗賊改になって8年これ以上出世できない

本来なら2、3年の任期で交代するのが慣例である火付盗賊改方に、据えられ続けた平蔵。結局8年という、異例の長期間務めた。

平蔵はこう考えた

高く評価してくれていた上司から、折り合いの悪い上司に交代。「どうせ何をしても認めてもらえない」とすねていれば、さらに転落する。平蔵はここぞとばかりに仕事に打ち込み、世界でも例がない「人足寄場」を提案。その功績から定信も、平蔵を認めざるをえなかった。

平蔵はこう考えた

幕府の役人が、いちいち聞き込みをするわけにはいかない。捜査には人手がいる。裏社会に通じた人間も必要。そのための資金を、平蔵は銭相場を張ることで作った。現在の為替相場に投資するようなもの。それで得た活動資金で、多くの人間を雇って犯罪者を検挙した。

己れに厳しく他人に優しい…吉田松陰に学ぶ人間の「器」

吉田松陰（1830－1859）幕末の長州藩士。山鹿流軍学の兵学家だが、明治維新の立役者を育てた教育者でもある。安政の大獄で捕らえられて斬首に。享年、30。

■頬にとまった蚊を叩いたら、激怒された

吉田松陰《しょういん》（通称は寅次郎《とらじろう》・諱は矩方《のりかた》）は私塾の松下村塾《しょうかそんじゅく》で、数多くの志士を教育した人物として有名です。

幕末の偉人として、名の挙がる松陰ですが、本人は歴史を直接、動かすことはできませんでした。しかし、彼の弟子たちが志を継ぎ、明治維新を成し遂げました。いわば、松陰の教育が歴史を変えたといえるでしょう。

長州藩の下級武士・杉《すぎ》家の次男として生まれた松陰は、5歳で兵学師範の家の養子になります。藩士に軍学を教え、作戦を司る兵学師範。その大役を6歳で、養父

を亡くした松陰が背負うことになりました。

教育係となった叔父の講義は、スパルタ式そのものでした。勉強中、頬に止まった蚊を叩くと、松陰は叔父からこっぴどく殴られます。

「蚊に刺されてかゆいのは、私事《わたくしごと》。勉強は、公事《おおやけのこと》。おまえが公事より私事を優先したのが許せない」

猛烈な教育を受けた松陰は、11歳で藩主の前で講義をするほど頭脳明晰に。20歳の時に初めて海防視察をして、海からの攻撃に対してあまりの防備の薄さに、危機感を抱きます。

翌年、九州に遊学し、各藩の知識人と会って見聞を広めました。その結果、「いずれ最新の大砲を備えた蒸気船が、江戸湾に入ってくれば日本はなす術がない」と、ペリー来航の3年前に、それを予測しています。

来たるべき日に備えて、自分より優れた人を探しては教えを請い続ける松陰。江戸では、佐久間象山《さくましょうざん》（ぞうざん、とも）に師事しました。思い立ったら動く彼の行動力は、ついにペリーの黒船に自ら乗りこんで、外国に渡ろうという国禁を犯すほど、エスカレートしていったのでした。

▶吉田松陰の本当の魅力とは？

いいところを誉めて伸ばす！ 人材育成力

松陰は門下生に、劣等感を抱かせない。減点法ではなく、加点法で相手を評価していた。向こう気が強く問題児だった高杉晋作には「勇気がある」とホメ、何の取り柄もなく、誰にでもヘラヘラしていた伊藤博文には「周旋の能力がある」とほめた。弟子たちは喜んで、自信をつけた。

けっして上からモノを言わない 誰にでも対等である力

兵学師範というエリートでありながら、松陰は上からモノを言わない。罪人として牢にいるとき、囚人達に「みんなで勉強しましょう」と提案。しかも、自分が一方的に教えるのではなく、俳句のできる囚人を俳句の先生にするなど、お互いに教え合うことで、彼らの力を引き出した。

自分に不利なことも隠さない バカ正直力

ペリーの黒船に乗ろうとして国禁を犯した、と松陰は自ら名乗り出て捕縛される。ようやく牢から解放され、松下村塾を開いた2年後、疑いをかけられていないのに、自ら「老中暗殺を計画した」と告白して死刑になってしまう。命を第一に考えるよりも、正直に生きる道を選んだ。

やると決めたらためらわない スーパー行動力

外国からの守りを考えるため、長州中の海岸をチェック。さらに見聞を広めるため、長崎の平戸や、江戸に出かけて有識者の話を聞いて歩いた。行動が先走り、藩の許可を取らずに、ロシアへの防備を見るために東北へ旅行して、罰せられたことも。思い立てば、ためらわず即行動する。

自分よりデキる人に教えを請う 人から教えを受ける力

11歳で藩主に講義をした松陰は、長州の中では秀才だが、外に出て上には上がいることを知る。同じく山鹿流軍学を学んでいた熊本藩の宮部鼎蔵や、日本有数の洋学者だった佐久間象山などと出会った。素直に自らの未熟を悟り、相手に教えを請い、向上し続ける意欲を忘れなかった。

■上か下かではないモノの見方

密航は失敗し、罪人として牢に繋がれた松陰ですが、彼は決してあきらめません。自分が動けないなら、人を育てればいい。囚人達と勉強会を作って、共に学びました。

その後、牢から出た松陰が開いたのが、有名な松下村塾です。ここでは身分に関係なく、学びたい者は誰でも受け入れました。上級藩士の高杉晋作、秀才の久坂玄瑞、元農民の伊藤博文まで、同じ部屋で勉強したのです。

松陰はどの門人にも、必ず同じ目線の高さで接しました。身分が下でも、年下でも「一緒に勉強しましょう」と同志のようにつきあったのです。

ホメて伸ばす教育は、生徒の機嫌を取るのとは違います。「この能力を伸ばせば、日本のために役立てる」と自信をつけさせます。松蔭が松下村塾で教えたのは実家での蟄居中を含めても、わずかに2年ほどでしたが、学んだ人々は明治維新の原動力となり、松陰の夢見た外国に負けない日本を築きました。

自分のほうが先輩だ、年上だ、役職が上だ、という世界とは一線を画すその生き方を、ぜひ参考にしてほしいと思います。

他人を惹きつけた渋沢栄一の「信頼感」の秘密

渋沢栄一（1840－1931）農民から武士、さらに官僚、最後は実業家に。第一国立銀行や各鉄道、ガス会社など多種の企業の設立に関わった日本資本主義の父。享年、92。

■若き渋沢が胸に秘めていた決意

渋沢栄一《しぶさわえいいち》は明治以降の、日本の会社の原型を作り上げた人物です。といっても、存在の大きさの割には、そのイメージは三菱の岩崎弥太郎《やたろう》や西武の堤《つつみ》康次郎《やすじろう》などの、カリスマ創業者よりもだいぶ地味かもしれません。

なぜなら、渋沢は〝渋沢財閥〟を作らなかったからです。人のため、日本のために生きた。その生き方と、人から信頼される仕事のやり方は、学ぶ所がたくさんあります。

なにしろ銀行、鉄道会社、海上保険会社をはじめとして、現代日本の企業の6割の祖は渋沢だ、といわれています。ぜひ、参考にしてみてください。

渋沢が青春時代を過ごしたのは、幕末。豪農出身の彼は、士農工商の身分制度に不満を抱く一方、当時流行《はやり》だした尊皇攘夷の思想にもかぶれ、ついには高崎城（現・群馬県高崎市）の乗っ取りまでも計画します。

ただ、事前に漏れて、渋沢は全国に指名手配――いまなら、テロリスト扱いです。逃げまわりながら、彼は自分の無力さや無謀さを悔います。現実的なやり方でなければ、物事を前に進められないことを痛感したのでしょう。

そして、知人の紹介で将軍家の家族〝御三卿〟の一《いっ》・一橋《ひとつばし》家へ仕官。同時に、国事犯扱いも消えます。

農民とはいえ商売も行っていた渋沢家の出身、持ち前の商人の感覚で一橋家の財政を立て直し、すぐに勘定組頭《かんじょうくみがしら》に昇進。主君の慶喜が15代将軍になったため、幕臣に出世します。

その結果、パリ万博への幕府の使節団の一員となったことが、彼の大きな転機になりました。

フランスでは商人と軍人が、同じテーブルで対等に話しています。日本ではありえない光景です。これからは日本もそうなるべきだ、と渋沢は考えました。

調べてみると、商人の力が強いのは、株式会社を作ってお金を集め、組織を大きくしているからだ、とわかりました。日本でもそれを作れば、商人も政治家・軍人にペコペコしなくても済む。株式会社を作ることを決意して、彼は帰国します。

■〝渋沢ブランド〟の信頼感はどこからきたのか

喜び勇んで帰国した渋沢を待っていたのは、明治維新でした。主の徳川慶喜は静岡に移住して、400万石から70万石に格下げ。多くの旧幕臣が移住した静岡の人口は、20倍に膨れ上がります。土地の値段も跳ね上がり、経済はガタガタです。

この状況を改善するため、渋沢が用いたのが、フランスで学んだ株式会社でした。民間の資本を活用した、本格的なものです。

業務は、静岡の名産、お茶の海外輸出。外国の評価が高く、収穫サイクルも早いので利益率がいい。大成功して、経済混乱は立ち直りました。

その功績で、明治政府の大蔵省に彼は入りますが、派閥争いにウンザリして、渋沢は〝官〟を去ります。民間の立場で、日本の経済を強くしようと決意しました。

実業界に転身した渋沢の、活躍は目覚ましいものがありました。なにしろ、現在の日本の、企業の6割とも——その設立や経営に関わっているのですから。

それだけの影響力がありながら、彼は自分の財閥は最後まで作らなかった。『道徳経済合一《ごういつ》』を提唱して、儲けるだけではダメだ、との自戒も残しています。

そのため、渋沢は〝財界〟を作りました。そもそも、大企業の経営者を中心としたコミュニティは、世界中を探しても見当りません。日本独自のもので、渋沢が商人を勉強させ、啓蒙するための勉強会として作ったのです。

その私利私欲のなさが、〝吉〟と出ました。ある時期から、〝渋沢ブランド〟が確立します。実業家や投資家が新しい事業に出資するかどうかの目安は、リストに渋沢栄一の名があるかどうか。出資者が「渋沢さんの名前は入ってますか」と、必ず確認したほどです。

どんな困難なことであっても、けっして逃げず、目をそらさずに挑んだ渋沢。その私利私欲のなさと相まって、多くの人々から頼りにされ、日本の近代化に貢献しました。その「生きる力」に学ぶ点は、多々あると思います。

▶ 渋沢栄一はかくして困難を乗りこえた①

誕生

現在の埼玉の豪農の家に生まれる

生まれたのは、現在の埼玉県深谷市の豪農の家。父は村役人を任され、苗字帯刀を許されていたほどの人物。

10代

商売を学び、歴史を学ぶ

家業の藍玉の製造販売と養蚕を手伝い、商売を学ぶ。また近所の漢学者からさまざまな学問の講義を受ける。

20代

城乗っ取りを計画、指名手配に

幕府の封建支配を憎んだ渋沢は、高崎城の乗っ取りを計画。事前にバレて、全国へと指名手配されることに。

一橋家に仕官

剣術道場の知人から、一橋家への仕官を紹介される。その後、幕臣となり、指名手配は取り消される。

転機①

「百姓の小倅」と言われ屈辱をなめる

恵まれた環境で育った渋沢。だが、父の代理で代官からの命を受けた際、武士の言葉遣いをして、「百姓の小倅のくせに」と笑われる。金があっても、歴然とした身分の差を思い知らされ、いつかこの屈辱を晴らそうと決意。

▶渋沢栄一はかくして困難を乗りこえた②

30代 ← 晩年

パリ万博に派遣

幕府の使節団の1人として、パリ万博へ。進んだ技術や経済制度を目にして、渋沢は日本の改革に心を燃やす。

帰国し静岡でお茶を販売

日本では幕藩体制が崩壊。静岡に追いやられた旧幕臣たちのため、日本初の本格的な株式会社を設立し、お茶を販売。

大蔵省を辞め実業界へ転身

徳川家の財政再建が評価され、大蔵省入り。しかし、派閥争いに嫌気が差し、民間から経済発展をサポートする道へ。

アメリカとの民間外交に注力

アメリカ人形と、日本人形を交換するなど、日米親善に尽力。官の肩書きを拒否し、民間人として外交努力をした。

転機②

フランスで四民平等に衝撃を受ける

幕府の使節団の一員としてパリ万博を視察した渋沢は、軍人と商人が対等に話をしている姿に衝撃を受ける。日本もこうならなければ、世界に勝てないと確信。そのために株式会社の制度を取り入れたいと必死で仕組みを勉強。

転機③

日本を強くするには商人のレベルアップが必要

士農工商制度が長かった日本では、媚びへつらう商人が多い。そこで渋沢は個人商店の形で儲けるのではなく、出資者を募る株式会社を奨励。さらに商人の教育レベルを高めるため、商業学校を設立し、優れた経営者を育成。

3

#「戦略」の章

中国地方の雄・毛利元就に学ぶ「情報力」の磨き方

毛利元就（1497－1571）山陰、山陽で10か国を手にした戦国武将。情報で敵の心理を操る術に長けていた。尼子・大内の領土を奪い、75歳の長寿を全うする。

■一兵も動かさずに、敵の戦力をダウンさせる

毛利元就《もうりもとなり》といえば、「三本の矢の教え」が有名ですが、あれは後世の創り話。実像の元就から学んで欲しいことは、ほかにあります。

小豪族から、最大10か国の領土をどう手に入れたのか？　もちろん武力だけでは到底、不可能です。敵を裏切らせる資金にしても、限りがあります。

元就の武器は「情報力」でした。彼が情報にこだわったのは、幼少時に弱小勢力のツラさを、身にしみて味わったからです。

当時の毛利家は、いまでいう広島県内に30あまりある、小豪族のひとつに過ぎま

せんでした。そんな中で父、兄を相次いで酒毒（酒の飲みすぎ）で亡くした元就。27歳のときに、当主の座につきます。

後ろ盾を持たない元就は、「情報収集」を重視しました。誰がどんな考えを持っていて、何を欲しているのか。それを知ったうえで、情報をうまく活かそうと考えたのです。

たとえば、毛利家が対立する陶《すえ》家に江良《えら》という合戦に強い名将がいる、との情報をキャッチ。「だったら勝てるわけがない」とあきらめるのは凡人。元就はこの情報に、チャンスが潜んでいると考えました。

強い江良に対して、主君の陶は「自分の首を狙っているかもしれない」と猜疑心《さいぎしん》をもっているのではないか、と元就は仮説を立てます。

それを確かめるため、「陶の江良が、ようやく味方してくれることになったぞ」と、元就は自らの軍議の席上で、〝嘘〟を話します。

すると、その偽情報をスパイを使って聞いた陶は、やはりそうか、と自軍の要《かなめ》の名将・江良を疑い、処刑してしまいました。

元就は一兵も動かさずに、敵の戦力を大幅にダウンさせることに成功したのです。

現代では、昔ほど情報を集めることは難しくありません。しかし、元就のようにそれを分析して、活かすことをしないと、宝の持ちぐされとなります。

いずれにせよ、偽の情報を流すことにかけて元就は、天下一品。小さい武家が生き残るには、これも勝ち抜くひとつの手段でした。

■「情報」を自由自在にコントロールする

敵をはめるのは、現代の視点では卑怯に思われるかもしれませんが、元就はそれを覆い隠し、むしろ周りから人望を集めていました。

敵に対しては謀略の限りを尽くして、裏切りや同士討ちを誘うのと同時に、仲間や身内に対しては結束を固めることに、彼は心血を注いだのです。

たとえば、三男で養子入りした小早川隆景《たかかげ》。彼は天下を狙う器量があったとさえ言われる人物なのに、最後まで実家の毛利家を守ります。

実際、関ヶ原の裏切りで有名な小早川秀秋は、最初は毛利家の養子になりかけました。あの愚鈍な人物が、養子に来てはまずい、と察した隆景が、秀吉に願い出て、秀秋を自家に引き取りました。小早川家は滅びましたが、本家は残りました。

▶ 元就流・「情報」で相手を倒す3つの極意

収集、分析、実行する“情報の達人”の元就。現代も通じる彼の3つの極意を学ぼう。

極意1

情報は「人」から集める

部下にも調べさせるが、元就自身が多くの人に直接、会って話を聞く。貴賤は問わない。僧、武芸者や旅一座の者まで、もてなしながら情報を得ていく。

極意2

情報から「人の心理」を読む

入手した情報から、人の心理を予測。家臣の裏切りに怯えているのか、この戦は楽勝だと慢心しているのか、仮説を立てて、下記のように情報を使う。

極意3

心理の裏をつき偽の情報を流す

たとえば、あなたの家臣は我々に寝返っている、と偽の情報を流す。これは織田信長も、使った手。人の心の隙を突き、動揺、混乱させて自滅を誘う。

情報戦を実践！

日本三大奇襲作戦の一つ「厳島の戦い」はこうして勝った！

陶晴賢の3万に対して、毛利勢は4000。そこで元就は、狭い厳島におびき出す策を打つ。「厳島の砦を取られたら、毛利家は終わりだ」と噂を流す。信じた陶軍は、大軍を動かしにくい厳島に上陸。奇襲した毛利軍の完勝。敵将・晴賢は自刃して果てた……。

また、元就は敵国の領主さえ倒せば、その家臣や領民はこころよく毛利家にむかえます。自分に忠誠を誓う相手なら、こだわりなく受け入れたわけです。

さらに、新しい領国の税を軽くします。敵側に味方していた土豪にも領土を保証し、困っていれば金も貸しました。

領内の城を改修した際、人夫が慣例通りに村の娘を〝人柱〟にしようとすると、元就は「人の命を犠牲にするな」と怒りました。その代わりに、『百万一心《ひゃくまんいっしん》』と彫った石柱を埋めることで、工事の無事を祈ります。それぐらい、自分の領民には優しい戦国大名だったのですね。

だからこそ、謀略を用いても悪名が広がらず、10か国もの領土を拡張することができました。悪名という情報さえ、コントロールしたといえるでしょう。

強さと優しさを兼ね備えた天才軍師・黒田官兵衛の頭の中身

黒田官兵衛（1546－1604）豊臣秀吉の天下統一に貢献した軍師。情報収集・分析に長け、調略や交渉も得意。敵を憎まず、人間をむやみに殺さない優しさも持つ。享年59。

■自分の無力を知った事で強くなれた

黒田官兵衛（諱は孝高《よしたか》）は、主君・豊臣秀吉とともに、天下統一の道を歩んだ歴史に残る名軍師です。信長の死という羽柴《はしば》（のち豊臣）秀吉最大のピンチを切り抜け、長宗我部や島津などの強者を屈服させ、秀吉の天下平定の立役者となりました。さらには、主君である秀吉から「次に天下をとるのはあの男だ」とまで恐れられていました。

なぜ、それほどの軍略を官兵衛は考えられたのか。彼は入念な情報収集と分析、周到な準備によって、戦う前にすでに必勝の布石を打っていました。

播磨（現・兵庫県南西部）の小大名の家臣に生まれた官兵衛は、日本や中国の兵法を学び、22歳で家老の職につきます。しかし、田舎の小大名が周辺の豪族と小競り合いをしているだけでは、己《おの》が才能の発揮しようがありません。

転機は、30歳のとき。織田軍が中国攻めを開始し、主家が織田と毛利との板挟みに陥りました。中国の覇者・毛利氏につくべしの声が多い中、官兵衛は「織田につくべきだ」と主張。情報収集に長けた彼には、信長の勝利が見えていたのです。

織田家に味方した際、秀吉と出会います。自分を高く評価する上司の下で大軍を動かして戦える。しかも、竹中半兵衛という先輩軍師からも教えを受けました。勉強と実戦のくり返しで、軍師・官兵衛はすさまじい成長を遂げます。

ところが、同時に慢心も膨らんでいきました。謀叛を起こした大名の説得に、自分一人で十分と乗り込んだら、捕まって、地下牢に幽閉されてしまいました。

官兵衛は自分の無力を嘆き、知恵だけに頼ってはいけない、と猛省したはずです。1年後に救出された彼は、左足が不自由になっていましたが、優しさを知る軍師に変わっていました。

■なぜ、自ら嫌われ役を買って出たのか

幽閉以前の官兵衛は、力押しで味方の犠牲を前提にした作戦も立てました。しかし、知恵だけで戦う危うさを知ってからは、なるべく〝人を殺さない〟手段で勝つことを目指します。

有名な備中高松城（現・岡山県岡山城北区）の水攻めは、味方も敵も犠牲の少ない戦い方でした。そして、相手が降伏すれば許す。信長の場合、降伏した毛利さえ滅ぼす気でいました。でも、秀吉・官兵衛のコンビは、降伏した相手には領地もそのまま保証したからこそ、天下統一を早く終わらせることができたのです。

官兵衛の優しさは、最期まで貫かれました。死期が近くなり、寝込んだ彼を訪れる見舞客に対して、「おまえは嫌いだった」「昔、失敗したな」と罵り続けるのです。息子の長政が諫めると、「これで皆は、早くワシが死んで、おまえに跡を継いでほしくなるはずだ」と笑って答えたそうです。

現代にあっても、人はその場その場で頭を働かせようとしますが、それでは遅い。その前から、勝負は始まっています。入念な準備をして事に臨み、さらに相手を気遣うことができれば、官兵衛の「生きる力」に近づけるはずです。

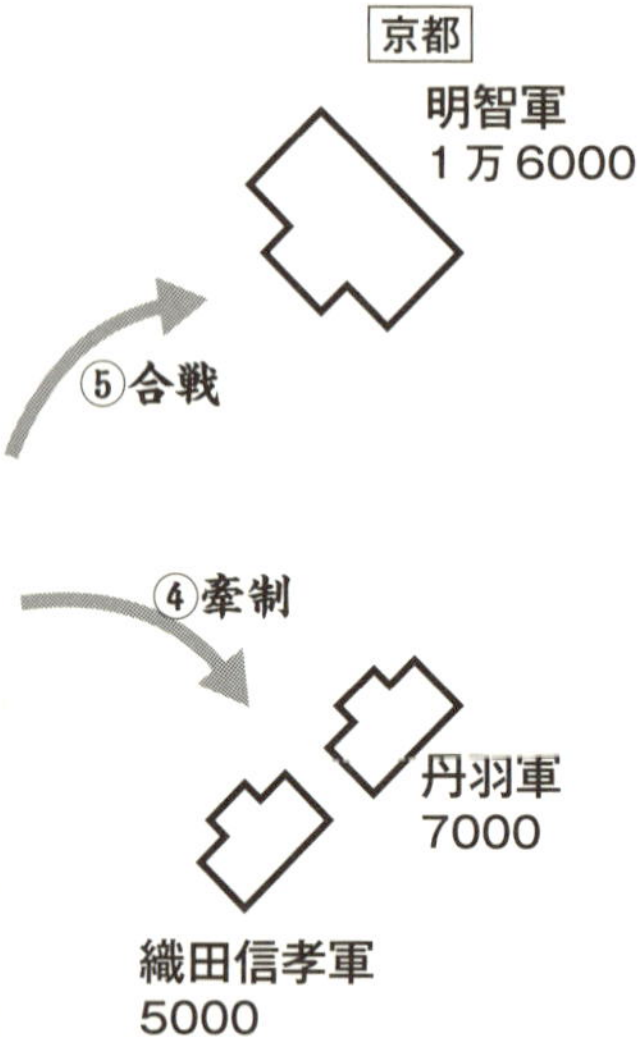

③ 大返し

姫路まで200キロ以上を全速力で走らせる

2万7500の兵のうち、直属の家臣は6000。残りは他家の兵の混成軍。彼らに、信長の仇を討つ義理はない。そこで官兵衛は、「秀吉様が天下を取れば全員が大出世」と士気を高めて、走りきらせた。

④ 牽制

光秀を倒すのは秀吉だとわからせるために

摂津富田で信孝、丹羽の軍勢と合流。本来なら、織田家の信孝が全軍の指揮を取るのが筋。しかし、彼らの2倍以上の兵を率いてきた秀吉が「私が指揮を執ります」と総大将の位置に。

⑤ 合戦

「信長は生きている」戦う前に相手の戦意を奪う

明智軍の2倍の兵を用意した上で、官兵衛はさらに、「信長公は生きている」と噂を流す。万が一の可能性があると信じた、畿内の織田系大名たちは、明智につかず、秀吉軍が見事に勝利。

▶ 黒田官兵衛はいかにして秀吉に明智光秀を討たせたか

毛利軍を攻めている時に
まさかの「信長死す」の一報が!

本能寺の変で信長が討たれた時、秀吉は毛利の大軍と対峙していた。毛利と和睦をして一刻も早く京都に戻り、明智光秀を討たなければ信長の後継者になれない。そのために官兵衛はどう動いたか、再現。

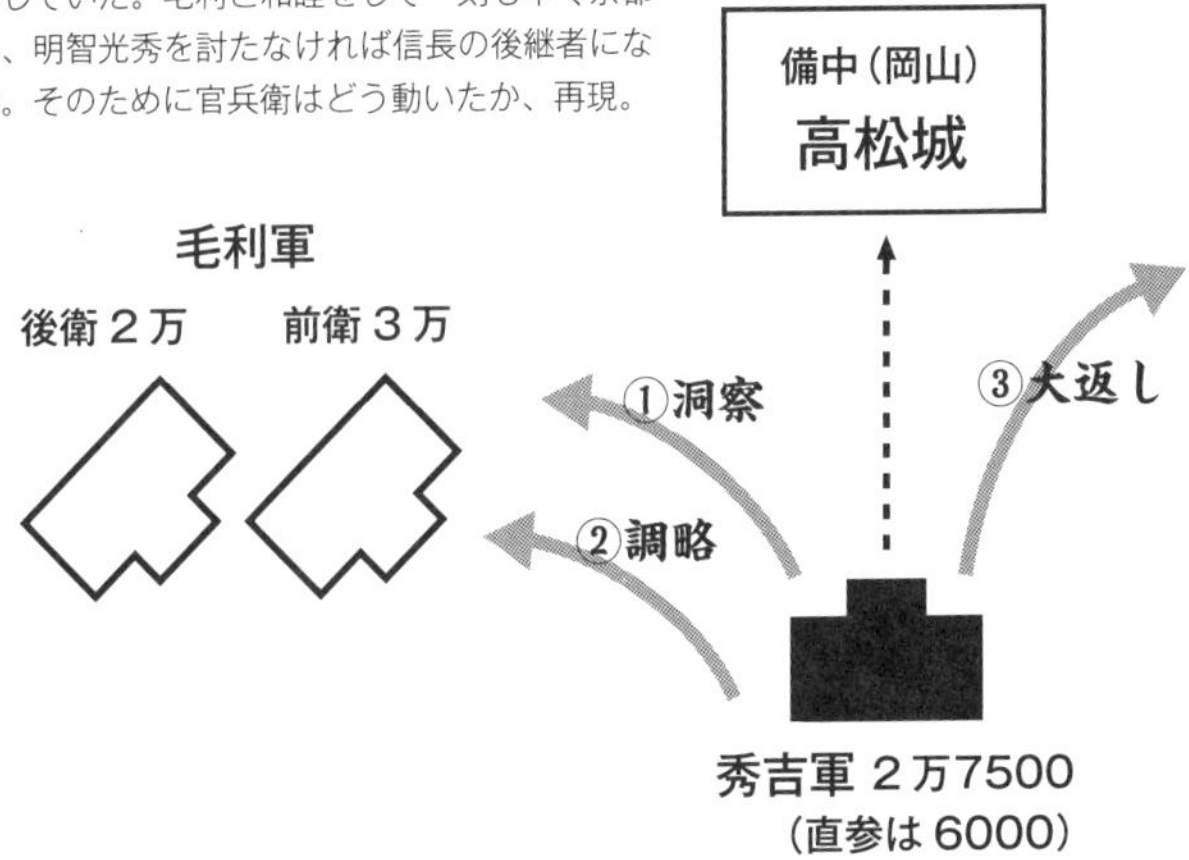

① 洞察

毛利はこちらと戦う気がないと読む

秀吉の軍2万7500に対して毛利軍は5万。数では不利だが、毛利の味方の城がいくつ落とされても、毛利本隊は仕掛けてこない。毛利には戦う気がなく、対陣したのはただのポーズと見抜く。

② 調略

毛利の侍大将の8割方を寝返らせる

味方の城が落とされ続けても、救援しない毛利家に、配下の武将は不満を抱く。官兵衛が秀吉側につくよう誘うと、侍大将の8割が応じた。その連判状を見せて和睦を有利に結ぶことに成功。

名軍師・竹中半兵衛の智略を支えていた5つの力

竹中半兵衛（1544－1579）戦国時代の名軍師。毛利攻めなどで秀吉を補佐し、数々の軍功を世に残した。黒田官兵衛にも影響を与える。若くして結核で亡くなった。享年、36。

■半兵衛はなぜ、秀吉を選んだのか

黒田官兵衛と並び、戦国時代の名軍師といわれた竹中半兵衛《たけなかはんべえ》（諱は重治《しげはる》）。彼ら2人が、秀吉の天下取りの原動力でした。前半戦を支えたのが半兵衛で、後半戦が官兵衛です。

病弱で結核患者だったため、36歳でこの世を去った半兵衛ですが、官兵衛にも大きな影響を与えました。史上ナンバーワンの軍師として、半兵衛を推す人は多いですね。

では、半兵衛の何が凄かったのか。戦略や調略はもちろん、先見力、人間力、そして「部下力」に優れていました。ここでは、この「部下力」を中心に説明しましょう。

自分の力を発揮できる上司を選ぶ力を、筆者は「部下力」と仮称しています。ふつう、部下は上司を選ぶことができませんが、半兵衛は違いました。

彼の武勇伝といえば、16人で天下の堅城・美濃の稲葉山城（現・岐阜県岐阜市）を乗っ取った一件ですね。腕の立つ武士を、従者に化けさせて登城。夜陰に紛れて蜂起し、一気に守将を討ち取りました。難攻不落といわれた稲葉山城を、たった一夜で占領。しかも、計画の指揮をとった半兵衛は、まだ21歳でした。

見事クーデターに成功し、自分の舅を美濃（現・岐阜県南部）の支配者にしようと奮戦します。ところが、周囲の国人・土豪は屈服せず、元の城主の斎藤龍興《たつおき》も反撃してきたため、半兵衛は半年で稲葉山城を明け渡す結果に……。

半兵衛は実感したはずです。智略を駆使するだけでは、限界がある。相性のいい主君でなければ、自分の力を十分に発揮できない、と。

そのとき、織田軍が美濃に進撃してきました。当然、信長から配下になるようにと、半兵衛も誘われます。しかし、彼は冷静に分析しました。信長は才能はあるが、部下を酷使する。この人の下では、病弱な自分は潰されかねない。

　さて、どうしたものかと思案していたとき、出会ったのが秀吉でした。といっても、まだ木下藤吉郎の時代で、織田家の幹部の中でも、一番格下の人物。だからこそ、手柄を立てたい気持ちも強い。さらに藤吉郎も頭脳派でした。この人ならば、自分の良さを活かせるのではないか、と見込んだ半兵衛は、秀吉を直接の上司に選んだのです。

■自分を活かせる環境を捜す努力

　荒々しい戦国の気風からすれば、侮られそうなおとなしい半兵衛。しかし、多くの武将が彼に敬意を表しました。

　それは半兵衛が、智略だけでなく人間力も備えていたからです。

　たとえば、指示通りに布陣していない武将にそのことを指摘する場合も、決して相手を否定したりはしません。

「見事な布陣ですな」

と、まずは褒《ほ》める。そのあとで、「あそこの兵をこちらに移すと、さらに隙がな

▶ 竹中半兵衛の凄さの秘密

調略力

優秀な軍師は、合戦の前に自軍に有利な状況を設定する。半兵衛は､敵の重臣を寝返らせるのが得意。情報を収集し、主君に不満を抱いている者を見つけると、言葉巧みに口説く。浅井攻め、毛利攻めで、秀吉軍が多くの軍功をあげたのは、半兵衛が敵の戦力を削いだから。

戦略力

合戦中に敵の城から、人を救出するのは不可能。信長でさえ妹のお市を、浅井家から助けることをあきらめていた。しかし半兵衛は、冷静に状況を分析。浅井久政がいなくなれば、息子の長政は妻のお市を助けると判断。久政の居住区を総攻撃して、排除に成功。長政を説得して、お市と３人の娘を救った。

部下力

最初の主君・斎藤道三は息子に討ち取られた。次に、義理の父親・安藤守就と組んで、稲葉山城を乗っとるが半年しか維持できず…。どれだけ優れた智謀も、上に立つ者の器量次第と悟った半兵衛。自分を活かす主君は、秀吉と確信して仕えた。

人間力

敵の説得に向かった黒田官兵衛がそのまま捕まり、幽閉された。寝返ったと誤解した信長は、官兵衛の長男・松寿を殺すようにと秀吉に命令。しかし、半兵衛は殺したと偽って、松寿を匿う。信長に知られたら、自分の独断だと責任を取るつもりだった。その子が成長し、黒田長政に。

先見力

敵側だった半兵衛を、秀吉が熱烈に勧誘して織田の配下に。当時の秀吉は必死なので、懇願したり、媚びた内容の手紙を多数送っている。半兵衛は、それらの手紙を一切処分した。大名に出世した秀吉は、当時とは別人。昔と同じ感覚で接したら、必ず災いになると先を見越していたのだ。

くなりますぞ」と指摘。これなら言われた武将も、気持ちよく修正に応じられます。

また半兵衛は、黒田官兵衛の良き師でもありました。あるとき、「昔、秀吉様は私を義兄弟だと手紙でいわれたのです」と、自慢げに手紙を見せる官兵衛。すると半兵衛は、その手紙を破って燃やしてしまいます。

怒る官兵衛に半兵衛は、「こんな手紙を残しておけば、この先も秀吉様に優遇され続けないと、満足できなくなります。いまは主従関係なのだから、昔のことは忘れてしまいなさい」と諭しました。

現代にあっても、自分を活かせる環境を探す努力、立ち位置を客観的にみる訓練は欠かすことができません。「生きる力」を竹中半兵衛に、学ばれてはいかがでしょうか。

強敵を相手に負けなかった直江兼続のケンカの極意

直江兼続（1560－1619）上杉家の宰相。謙信の後継者・景勝を補佐した。知勇兼備の武将で、秀吉や家康からも高く評価された。上杉家を守り抜き、享年60で死去。

■武田勝頼を騙して景勝を当主の座に

直江兼続《なおえかねつぐ》はNHK大河ドラマ『天地人』の主人公になったこともあるので、最近、知名度が高い人物ですね。上杉家の名宰相で、優秀なうえに忠誠心があり、現代の経営者にも彼のファンは多いです。

実際、豊臣秀吉が黒田官兵衛や石田三成より高い、30万石の領地を与えてまで、部下に欲しがりました。

兼続の魅力は、ケンカ上手なところです。強大な相手に立ち向かい、限られた条件の中で、最良の答えを出し続けました。その結果、謙信亡き後の上杉家を守り、関ヶ原の〝負け組〟でありながら、江戸時代まで上杉家を存続させたのです。

兼続の父は、上杉家の家臣のさらに家臣（陪臣）——身分の低い生まれでしたが、謙信は兼続の賢さを認めて、養子の景勝《かげかつ》に付けました。

謙信から教育を受けて成長する最中、兼続が19歳の時に、謙信は急死します。そのため、景勝と義兄弟の景虎《かげとら》との間で、上杉家の跡目争いが勃発します。

しかし、景勝につく家臣は3割程度。北条家からの養子だった景虎は、実家の援助を得て、強引に当主の座をもぎ取る勢いでした。

その状況をひっくり返したのが、のちの直江兼続です（当時は、樋口与六《よろく》兼続）。彼は、上杉家のライバルだった武田信玄の息子・勝頼に支援を依頼します。勝頼や武田家の重臣たちに大金を渡し、「景勝が当主になれば、武田家に従います」と約束。勝頼は景勝を支持し、形勢は逆転しました。

危機を脱した景勝は上杉家を継ぎますが、もちろん武田家の傘下には入りません。他国と戦争中の勝頼が怒っても、上杉家にまで兵を回す余力はない、と兼続は読んでいました。

勝つためには、手段を選ばない。この功績により、兼続は名門の「直江家」を継

▶ 直江兼続に学ぶ強敵を相手に負けないケンカの極意

手段を選ばない

義兄弟との跡目争いで主君・景勝が不利になった際、兼続は武田勝頼に助けを求めた。1万両を渡して「上杉は武田の傘下に入る」と交渉。重臣にもワイロを使い、説得させた結果、勝頼は景勝を支持し、景勝が勝ったが、兼続は約束を反故にして、武田の抗議も無視する。

追わない

上杉征伐に向かった家康率いる東軍は、大坂で三成が挙兵したため、反転して撤退。叩き潰す好機と、兼続は追撃を進言するが、主君の景勝が許さなかった。関ヶ原で西軍は敗北。即座に意識を切り替えた兼続は、「上杉家には敵意がなかった。絶好の機会に攻撃しなかったのが、何よりの証拠」と主張した。

誘いに乗らない

優秀で忠臣の兼続を欲しがる人物は多く、実際にスカウトの声もかかる。景勝の義兄弟、上条政繁が誘うが完全に拒絶。また秀吉が山城守という官位と、30万石の領地を与えたこともある。すると、兼続は5000石だけ手にして、残りを主君の景勝に献上することで、事実上の拒否の意思を示した。

言わない

会津征伐から去る徳川軍を追撃していれば、確実に大ダメージを与えられた。その結果、関ヶ原の戦いの勝敗も変わったかもしれない。兼続には複雑な思いがあったはずだが、追撃命令を出さなかった景勝に対して、非難めいた言葉は一切残していない。主君と共に歩む人生を、兼続は全うした。

あきらめない

徳川軍が撤退すると、兼続は会津防衛から一転。領土拡大のために最上氏を攻撃。しかし、関ヶ原が1日で終了。すぐに兵を退いた兼続は、和睦交渉に入る。さらにダメ押しとして、幕府の本多正信の二男を直江家の養子に迎え、従順さをアピール。変わる局面に、次々と対応していく。

ぎ、名実ともに上杉の筆頭家老になりました。

■なぜ、家康に啖呵《たんか》をきることができたのか

そもそも〝天下分け目〟の関ヶ原の合戦のきっかけは、兼続が家康に吹っかけたケンカから始まっています。家康が上杉景勝に上洛を命じた際、兼続は宣戦布告として名高い「直江状」を送りつけました。「徳川殿は会津への進軍を計画してるそうだが、来るなら、いつでもお相手しよう」と書かれた手紙を読んで、家康は激怒。全国の諸将を集めて、上杉征伐へと向かいます。

ところが、大坂で石田三成が西軍を挙兵したため、事態は急展開しました。対峙《たいじ》した徳川家康の上杉征伐軍が、西軍を挙兵した石田三成を討つため、撤退した際に、主君の景勝は家康を背後から追うことをしませんでした。

みすみす勝利を捨てたのですが、兼続はのちにそれを利用して、「あの時、逃がしたことこそ、敵意のない証拠だ」と家康に申し開きをし、上杉家が取り潰されることを回避しました。

以後、兼続は内政に専念し、新田開墾や商売を奨励して、30万石から実高50万石

以上にまで領国を豊かにします。戦時でも平時でも、限られた条件の中でベストを尽くし続けるのが、彼の真骨頂でした。

兼続ほど力があれば、主君を倒し、自らが大名となることもできたはずです。しかし、彼は忠実に景勝に従い、終生、上杉家を盛り立てます。謙信から受けた恩を裏切るわけにはいかない、と考えていたのでしょう。

それでいて兼続は、謙信のマネはしませんでした。天才でカリスマ性のある謙信と、自分は違う、と自覚していました。だから、義の武将・謙信なら決してやらないような買収工作や、約束を反故にする手も使って勝ちにいきました。

誰にでも、憧れの人物はいるでしょう。そうした人物のいいところを取り入れながらも、自分ができることを意識して、「生きる力」を身につけてください。

悪条件のもとで、手を尽くし生き残った真田昌幸の「戦略力」

真田昌幸（1547－1611）信濃の戦国武将。武田信玄に仕え、武田家滅亡後は信長、秀吉に従う。最強の徳川軍を2度破ったことで有名。信繁の父親。享年、65。

■徳川を手玉に取った男

真田昌幸《さなだまさゆき》は、NHK大河ドラマ『真田丸』の主人公・信繁《のぶしげ》（俗称は幸村）の父親です。現在では幸村の知名度が勝りますが、戦国当時は、父の昌幸こそ〝合戦上手〟として天下に曲者ぶりを知らしめていました。

なにしろ、屈強な徳川軍を、不利な状況で2度までも手玉に取ったのですから。

そんな奇跡を可能にしたのは、昌幸の知恵と度胸。つねに強大な敵に囲まれながら、ときには臣下となりながらも、機会を捕らえては奇策で相手を翻弄して、生き残ってきた負けじ魂にありました。

■北条を見限り、織田に従う

本来、真田家の三男に生まれた昌幸に、真田家の当主となる確率はほとんどありません。そのため、彼は若くして他家に養子入りしています。

ところが、長篠《ながしの》・設楽原《したらがはら》の合戦で長兄と次兄が戦死。30歳の昌幸が真田家を継ぐことになりました。その後、主家の武田は滅亡……。小大名の昌幸は、四方を強敵に囲まれて危機に陥ります。

北には上杉景勝、東には北条氏政《うじまさ》、南には徳川家康、そして西には最大の織田信長。まさに、四面楚歌です。

いったい誰と組むか。最初に見限ったのは、北条です。じつは昌幸は、武田家に仕えている時から北条と手紙のやり取りをし、いざという時に備えていました。保険をかけつつ、頼るべき相手かどうか、やり取りをしながら観察していたのです。

結果、北条を選ばない、という選択をしました。

選んだのは、信長。昨日まで戦っていた相手に降《くだ》ると聞いて、家臣も驚いたでしょう。とはいえ、昌幸が自分の都合で無節操に、あちらにつき、こちらに移ると動きまわっていたら、ただの卑怯者。いずれ、足元をすくわれたに違いありません。

昌幸は主君がこちらを騙《だま》さないかぎり、自分から相手を裏切ることはしていません。

武田の末期には、行き場のない主君・勝頼を、自分の城に来るように、と忠誠心から進言しています。勝頼がそれを受けなかっただけのこと。織田家を離れたのは、信長が死んだ後のことでした。義を尽くしながら、次の展開に備える。それが昌幸の、強さの秘密でした。

■相手を狭い場所に閉じ込め、撃破する

昌幸は、合戦も〝型破り〟で強い。3倍以上の徳川軍に攻められた際は、押し寄せてきた敵を城内に引き入れると、あちこちの区画を板塀で閉じて分断。狭い場所に閉じ込めた敵兵に、上から鉄砲や弓を撃ちかけて、各個撃破しました。徳川軍は打ちのめされ、撤退するしかありませんでした。

ゲリラ戦の強さは、徳川秀忠勢3万8000人を、わずか2、3000人で足止めした第二次上田合戦の際にも発揮。結果、秀忠は関ヶ原の開戦に間に合わないこ

とに。

しかし、石田三成率いる西軍は敗れ、昌幸は信繁と紀州九度山《くどやま》（現・和歌山県伊都郡九度山町）に流されます。

昌幸は幽閉の身となっても、徳川と豊臣の再度の戦を予測。大坂方として参戦して勝つ方法を練りながら、この世を去りました。

厳しい戦国を、昌幸が戦い抜けたのは、〝危機感〟のおかげだったからかもしれません。周りを強敵に囲まれ、いつ我が身が亡ぶかわからない中で、彼は生き残りを賭けて策を練り続けました。

「ありえないことはない」と考え、最悪の事態に、常に備えていたわけです。

これは、現代でも同じ。将来は不安定なものです。己れを磨くことを怠る人から脱落するリスクがあることは、認識しておいたほうがいいかもしれませんね。

信繁を人質に出す

[北] 上杉景勝

**北条、徳川と戦う時は味方に
ついてもらえるよう準備する**

上杉家は謙信以来、義を重んじ、頼られれば助けるスタンス。その心を読み、昌幸は北条、徳川と戦う際は助けてほしい、と頭を下げていた。さらに、次男の信繁を人質として差し出すことで、上杉は真田家への助力を約束した。

手紙のやりとりで様子を探る

[東] 北条氏政

**関東の雄・氏政の器量を
推し量り、頼りないと判断**

関東で約八か国を支配していた北条家なら、織田にも対抗できる勢力。昌幸は、以前から手紙を交わして、万が一に備えていた。だが、得られた情報を分析した結果、北条氏政は信長や家康の器量には及ばないと判断し、手を切ることに。

戦って2度打ち破る

[南] 徳川家康

**最も天下に近かった家康に
牙をむき、大軍を相手に奮闘**

一度は臣従した家康から、「関東内の真田領を、北条に譲れ」と理不尽な要求をされる。「代替地がないなら渡せない」と昌幸は拒否。怒った家康は攻撃命令を出すが、真田軍 2000 に対し、7～8000 の兵でも真田を倒せず、徳川軍は惨敗。

▶ 強敵を相手に生き残った真田昌幸の知恵と度胸

つねに四方に目を配り、先々に手を打って対抗

主家の武田が滅んだため、孤立無援になった真田家。しかも、四方を囲む敵は、自分より何倍も強力な大大名ばかり。無策では、あっという間に攻められて領地を奪われてしまう。昌幸は四方の敵に対し、先手を打って動き回り、生き残りに成功する。

真田昌幸

[西] 織田信長

宿敵織田の軍門に下る

北条でも上杉でもなく、宿敵・織田を選び臣下に

昌幸は、親子3代で仕えた武田家を滅ぼした仇敵の織田の傘下に入る。私情を捨てて、冷静に信長の器量を評価。織田と結べば、同盟関係の徳川も味方になる。あとは北条と上杉に気を配るだけ。ところが、数か月後には本能寺の変が勃発。

[西] 豊臣秀吉

信繁は西軍、信幸は東軍に

関ヶ原の決戦！息子2人を徳川と豊臣に分けて生き残る

信長亡き後、天下人をめざす秀吉に素早く近づいた昌幸。しかし、後継者が幼いまま、秀吉は死去。天下分け目の関ヶ原の戦いの際、昌幸と信繁は豊臣家に、長男の信幸は徳川家につく。そのため昌幸は敗者になったが、真田家は存続した。

上杉鷹山が藩の大改革に成功した理由

上杉鷹山（1751－1822）養子だが17歳で米沢藩主となる。倹約令と殖産政策によって、財政再建に成功。名君として、現代の経営者からも絶大な支持を受けている。享年、72。

■上杉鷹山のマネジメント力とは？

上杉鷹山《ようざん》（諱は治憲《はるのり》）はバブル崩壊後の、日本の経営者の間で大ブームになった人物です。養子の身でありながら、財政破綻した米沢藩を見事に再建しました。

「上杉家の人間が来た」というだけで、また借金の依頼だ、と全国の豪商が居留守を使ったほど、赤字まみれの上杉家。鷹山が藩主になったときの借金は、20万両。いまのお金で160億円ほどです。そんな状態から、彼は55年かけて借金を完済しました。

しかし、その手法は奇策を用いたわけではありません。質素倹約を徹底し、特産

▶ 上杉鷹山流・やる気を引き出す極意

特別扱いする

90歳以上の老人を招いて祝宴

いまも昔もやる気を引き出すには、ホメて使うのが効果的。鷹山も報奨制度を導入した。親孝行や、長生きを報奨する。ときには、年長者ばかりを集めて、「無礼講じゃ」と豪華な祝宴を開催した。

名産の織物は重臣の娘だけに織らせる

新たに特産品を生産するには、武士階級の協力が不可欠。しかし、額に汗しての労働を屈辱ととらえれば、生産性が落ちる。そこで高級な織物は重臣の子女のみに織る権利を与え、特別扱いとした。

先代の殿様にだけは贅沢をさせる

自らも厳しく律した鷹山が唯一、例外を認めたのは先代の当主。養父に対しては、側室を十人以上持とうが黙認した。そのため、先代当主は鷹山の味方となり、重臣らの反対にも盾になってくれた。

プライドを持たせる

藩校を作り、ストレス発散。武士の矜持を

質素倹約だけでは、何事にもセコくなりがち。そこで鷹山は藩校を設立。家臣たちに教育を施し、武芸にも励ませる。ストレス発散と、武士としての矜持を持たすことができて、一石二鳥。

百姓にも勉学を。働く意味を教える

同じ作業でもプライドを持って打ち込めば、工夫をするし、成果も上がる。鷹山は師である儒学者の細井平洲に、領内を回らせた。村々で、働く意味や論語の精神を説き、領民の労働意欲を高めた。

自分を律する

自らも一汁一菜。徹底した節約生活

家臣や領民に質素倹約を強いる以上、自分自身の生活も厳しく律した。食事は一汁一菜。ふだんは木綿の着物で過ごす。大名行列さえ、従来の３分の１の人数や装備で行うほど脱・贅沢を徹底した。

酒も女もやらない。贅沢はたばこだけ

ダイエットを成功させるコツと同じ。ときには自分へのご褒美を許すことが、長く取り組む秘訣。酒も女もやらなかった鷹山だが、たばこだけは、楽しんだ。一服しながら、藩政改革のアイデアを練る。

頭ごなしにせず、根気強く改革を遂行

藩祖・上杉謙信と血の濃くつながりのない養子が、質素倹約を押しつければ反発が強まる。１～２年で結果を求めるのではなく、長期間続ける計画で、周囲の理解を得ながら、改革を遂行。

物を作って売る。鷹山がやったのは、それだけです。が、このマネジメントには、不況に苦しむ現代人へのヒント＝「生きる力」が、数多く隠されています。

そもそも幕藩体制とは、破綻することが前提の経済システムでした。米本位制で、江戸時代初期に100石と決められた給料は、100年経っても200年後でも100石なのですね。なのに、年々物価は上がります。

藩には参勤交代や、城の補修など、幕府の手伝いの費用の負担もかかります。とてもじゃないが、領地で取れるコメだけでは維持できません。

だから、江戸時代中期から後期には、日本中の藩が瀕死《ひんし》の状態です。そこから脱した藩主は、ほんの数人。その一人が鷹山なのです。多くの藩主が挑んでできなかった改革を、なぜ、彼は成し遂げられたのでしょうか。

まずは、家臣や領民に徹底させた質素倹約ですが、鷹山自身もこれを固く守りました。失敗する藩主の多くは、自分を特別扱いして贅沢を許しがち。でも、鷹山は違った。食事は一汁一菜、木綿の服を着て、酒も女もやらずに自分を律した。大名行列も15万石の家なのに、5万石の格式で実行したのです。

とはいえ、率先垂範だけでは、まだまだ人はついてきません。

▶ 上杉鷹山以外にもいた江戸時代の名改革者！

幕末の名家老　**山田方谷**

財政難を米相場で解決した、幕末の“投資家”。日本のケインズと呼ばれた手法は？

米相場で大儲け！10万両の借金を返済

当時は、日本最大の米市場である大坂（のちに大阪）に、どの藩も蔵屋敷を持ち、商人に米を販売させていた。ところが、多くの商人は自分の儲けばかり考え、収穫時の下げ相場に大名から安く買い取り、上げ相場になってから、売って暴利をむさぼる始末。

そこで備中松山藩の山田方谷は、大坂の蔵屋敷を廃止した。領内に米を蓄え、相場の動向を自分で見て、有利な時期に米を売却。さらに飢饉の際には、領民への援助に充てた。

その結果、財政は大きく立て直され、10万両もあった借財が、８年間で逆に10万両の蓄財へと変えるほどの成果をあげた。

名門・細川家中興の祖　**細川重賢**

熊本藩の財政破綻を立て直した重賢の秘訣は、ユニークな人材登用にあった。

藩の変わり者を抜擢。彼らに大権を与える

改革の実務を任せるには、重臣は向いていない。既得権益がなく、性格に難があってもひとつのことをやり抜く人間がベスト。

そう考えた細川重賢は、見込みのあった蒲池正定を抜擢。身の回りの世話をさせて育成しようと試みる。しかし、蒲池は自分の職務以外をやらない。手を焼いた重賢は、朝廷の使者の訪問時のみ使用する勅使門の番人に左遷……。ある日、夕立にあった重賢が、もっとも近い勅使門から入城しようとすると、蒲池が断固拒否した。主君でも特例を許さずに、職務を遂行する姿勢に、重賢は感動。藩政改革の大権を蒲池に与えて、熊本藩の再建成功の一因とした。

■厳しいだけでは誰もついてこない

じつは、改革を手がけた鷹山は、重臣から猛反発を喰《く》らいます。藩政が傾いても、人はなかなか既得権益を手放しません。

ついに、重臣7名の署名で45か条の訴状が提出されたほど。このまま押し切られるのが、ほかの藩政改革が失敗するパターン……。従わなければ、養子の鷹山は当主の座を降ろされ、新しい当主を立てられてしまいます。

鷹山は負けませんでした。7名を切腹や隠居、石高削減などで処罰。ただ完全には家を潰しません。それでは恨みを残してしまいますので、配慮しました。

そして、みんなのヤル気を上げるための策を打ち出します。報奨制度を取り入れ、質素倹約を守っていれば祝宴も催す。藩校を設立し、武士には勉学や武芸に励ませてストレスを発散させました。

さらに収入を上げるために、特産物を増やします。越後から越後縮《ちぢみ》の職人を連れてきて、米沢藩でも織物を作ります。他藩は売ったら終わりの商売だけれど、米沢では客のクレームにもちゃんと対応する。アフターサービス付きで、好評を博します。ほかにも紙、たばこ、墨、漆器から養魚、馬の飼育まで、米沢でできるものは貪欲に取り入れました。

その結果、15万石の領地から30万石に収入は増加。天明の大飢饉（1782～1783）の際に、全国平均で人口が4・6％減ったのに、米沢藩は半分の2・3％ですみました。

鷹山は、これらの改革を粘り強く継続します。これはリーダーにしか応用できない、という話ではありません。1人でも部下がいたら、応用がききます。相手の心を動かすにはどうしたらいいのか、困った時は鷹山のやり方が指針となるでしょう。

常に時代の先を読んだ江川太郎左衛門の隠された実力

江川太郎左衛門（1801－1855）諱は英龍。伊豆韮山の代官。海外の脅威に備えるため、西洋流砲術を研究。明治維新へ続く思想や技術の基礎を築く。享年、55。

■地方の一代官が、大砲を自前で作る

江川太郎左衛門《えがわたろうざえもん》（諱は英龍《ひでたつ》）は、なじみの薄い人物かもしれませんが、幕末から明治へ続く日本の、近代化の基礎を築いた英雄ともいえる恩人です。

のちに勝海舟や坂本龍馬らが海軍をつくり、列強に対抗する〝海防〟の思想を、ペリー来航の10年以上前から、江川は持っていました。

幕府の代官という立場でありながら、日本で日本人として初めてパンを焼いたり、農民を兵にする制度を、長州の奇兵隊よりはるか前に発案するなど、旧来のワクにとらわれない発想の持ち主でした。韮山《にらやま》反射炉や品川の台場も、彼が手がけたもの

です。

それほどの江川が歴史上、ほぼ無名なのは、幕末の動乱が本格化する前に、命が尽きてしまったからでした。

もともと彼は、伊豆韮山（現・静岡県伊豆の国市）の代官の家に生まれました。18歳で江戸の神道無念流《しんとうむねんりゅう》剣術に入門し、2年後に免許皆伝。正式に代官となったのは、35歳のときでした。

しかし、道場仲間の蘭学者から欧米列強のアジア進出を聞き、海岸線の多い伊豆を黒船からどう守ればいいのか、江川は思い悩みます。西洋学を学ぶ勉強会に、自らも参加し、科学、物理学、数学などを身につけました。

その結果、最新の西洋式大砲が必要と考え、江川は西洋流砲術の第一人者・高島秋帆《しゅうはん》に弟子入りします。地方代官でありながら反射炉を建造して、大砲の製造を試みました。未知の分野に果敢に挑む、江川の行動力には頭が下がります。

とはいえ、型破りな彼の行動を、快く思わない人間もいました。幕府の保守派です。なかでも鳥居耀蔵《とりいようぞう》という目付は、西洋文化を取り入れれば幕藩体制が危うくなると信じ、江川の勉強仲間を次々に捕えます。いわゆる〝蛮社《ばんしゃ》の獄《ごく》〟です。

一時は命さえも狙われた江川ですが、堂々と自説を主張し続けました。やがて、鳥居は失脚……。

開国を迫られた幕府は、何度も江川を江戸に呼び、助言を求めるほど頼りにするようになります。

■江川の考えていた未来が、明治で実現

黒船からの海防思想、武士以外の農民を軍人化する農兵制度、パンの常食――江川の構想の多くは、明治までに現実化しました。

伊豆の韮山という地方にいながら、彼は先見性に優れていましたが、これらは決して、発想の天才だからできたわけではありませんでした。

ゼロから奇抜なアイデアが閃くのではなく、目の前の問題に対して、一つひとつ丁寧に向き合った結果、必要な答えに辿り着いたのです。

まずは任地の伊豆を守り、豊かにするために取り組む。結果、農地改革や伝染病対策などで成果を上げました。すると今度は海から、黒船という問題が持ち上がる。どうするか考えるうちに、日本全体の海防の問題にまで至った――という具合です。

▶江川太郎左衛門の隠れた偉業と実力

海舟、龍馬の生みの親

江川が、幕府に海防について提案したのは、ペリー来航の16年も前。伊豆の海岸を守るには、大砲しかないと考える。日本一の研究家に弟子入りし、西洋流砲術を習得。自ら砲術の塾を開校。佐久間象山らが教えを受け、のちの勝海舟や坂本龍馬の海軍創設の思想へとつながる。

お台場の砲台を設計

現在は観光地になっている「品川台場」を設計したのは、江川。彼は江戸湾を守るために、海岸に砲台を並べた大防衛線を構想したが、資金のない幕府が実現したのは一部のみ。「これでは黒船に対抗できない」と上層部に抗議したが、通らず……。弟子らが海軍で江川の海防の志を引き継ぐことに。

士農工商を撤廃!?

広大な伊豆の海岸線を守るには、武士だけでは手が足りない。そこで農民を訓練して、非常時の軍人として採用するという策を、江川は具申した。だが、保守的な幕府は、一揆が強大化すると却下。江川の発案は西洋では当たり前の制度であり、のちの明治政府も国民皆兵化を推進した。

世界遺産へ！ 反射炉を作る

江川がオランダの「大砲鋳造法」を試行錯誤して解読し、建造をめざした韮山反射炉。実際に大砲を製造することにも成功。ただし、江川自身は完成を目にできずに、この世を去った。日本の近代化を象徴する建物として、静岡県伊豆の国市に現存し、世界文化遺産に登録された。

日本で初めてパンを焼いた

パンは鉄砲伝来と同時期に日本に入ったが、キリスト教の儀式に使われたため、作ることを長く禁じられていた。しかし江川は、兵士の携帯食にするため、製造技術を学び、自分でも焼いた。のちに江川は、「パン祖」と呼ばれることに。

我々も大きな仕事をしたいとか、認めてくれない、と嘆く前に、目前の仕事への、自身の姿勢を振り返ってみる必要がありそうです。

いま与えられている仕事を、全うしようと打ち込んでいますか？　やらされている感覚で取り組んだり、上司に指示されたからと義務を果たす意識では、納得のいく結果は出ないでしょう。

江川のように、目の前のことに打ち込み続ければ、状況を突破するアイデアや、大局観＝先見性が生まれ、いい結果が導き出せるはずです。

農民から幕臣へ異例の出世を遂げた二宮尊徳の「発想法」

二宮尊徳（1787－1856）農政家。小田原の農家の長男として生まれる。通称は金次郎。のちに、小田原藩ほか諸藩の財政を再建。幕臣に登用される。享年、70。

■〝経営コンサルタント〟としての二宮尊徳

二宮尊徳《にのみやそんとく》は薪を背負いながら、読書する像で有名です。「勤勉な親孝行息子で、農村復興の指導者」というのが、読者の皆さんの抱くイメージかもしれません。

しかし、史実の尊徳は、まるで違います。そもそも汗水たらして農地を耕す人間ではなく、彼は完全な頭脳労働者でした。合理的な手法で諸藩を再建した、いわば〝経営コンサルタント〟――。

その功績が認められて、ついには幕臣にまで出世した人物です。尊徳が財政難の藩を再建した方法には、我々が仕事でも使えるノウハウが詰まっています。

年貢を低く設定し、農民が財産を増やすことを奨励する――。これが尊徳の始めた手法で、藩の財政再建に非常に効果的であり、全国に広まりました。農民出身の尊徳ゆえに、考えられたやり方と言われていますが、じつは違います。この発想は、尊徳が農村の人間としては〝規格外〟だったからこそ、思いついたものなのです。

そもそも尊徳の祖父と父親が、当時の農民としては〝特殊な生き方〟をした人物でした。祖父の銀右衛門《ぎんえもん》はひたすら土地を拡大し、生涯独身を通した開拓農民の変わり者。養子の利右衛門《りえもん》は、自分は読書三昧で過ごしながら、村人のために農地を失うという変人でした。

彼ら2人の生き方に影響された尊徳は、農地を自分で耕して、その収穫物の範囲で暮らすという、農民本来の人生に皆目、収まり切れませんでした。

父母を幼くして失ったこともあり、尊徳は割のいい武家奉公に出ます。その給金で農地を買っては、小作人に耕作をさせるという、いわば不動産運営のように財産を増やしました。20代で、祖父の生涯と同等の農地を獲得しています。

彼の経営手腕を聞いた小田原藩の家老が、数百両の借金に苦しむ自分の家の再建を、尊徳に依頼してきました。これが、経営コンサルタント「二宮尊徳」の誕生にこうすれば儲かる!

コンサルタント二宮尊徳のお金を生む発想

農民の常識にとらわれない尊徳は、発想を自由に広げていった。結果、大胆なやり方で次々に改革に成功!

農民なのに土地を耕さない不動産経営者として稼ぐ

農地を耕し、収穫物で暮らすのがふつうの農民。だが、その働き方では、収入は自身の労働力以上にはならない。尊徳は武家奉公をして給金で土地を買い、小作人に耕させた。それを繰り返し資産を倍増!頭を使えば、お金は何倍にも増えることを証明。

農民の年貢を安くして彼らのヤル気を上げる

財政難の藩は年貢を上げて、収入を補おうと試みるが、実際は逆効果。最悪の場合、農民は家族ごと、村ごと国境を越えて他藩に逃げてしまう。再建を任された尊徳は、年貢を下げて、余った収入は農民の私有財産だと認め、彼らのヤル気を上げた。

「私に任せろ!」と武士から全権委任の承諾書をとる

当時、尊徳以外にも"再建屋"はいたが、多くは失敗に終わった。依頼側の武士がメンツにこだわり、彼らの指示に全面的には従わなかったため。尊徳は引き受ける条件として、全権委任の承諾書をもらい、口出しを一切シャットアウトして成功した。

つながります。

■武士の世界にも農民の世界にも染まらなかった

尊徳の強みは、武士と農民の世界を知りながら、どちらにも染まらなかった点でした。だから、武士の権威にひれ伏さず、堂々とモノを言う。当時の武士の家計は、体面を保つための支出が多い。ムダな出費なので、尊徳は〝聖域〟を認めず、バッサリと倹約を推し進めます。石高が4000石でも、実収が1000石なら、その水準に生活を合わせましょう、とムリのない改革を提案して、相手を納得させます。

領主の生活レベルを下げるから、年貢を低く設定することも可能になる。そのうえで、農民がやる気を出すような〝インセンティブ制度〟を導入して、効果を高めました。尊徳によって村落や諸藩は、次々と再建されます。その成果が認められ、彼はついには幕府の御普請役として、幾多の公共事業も手がけることに――。

尊徳のマネジメント手法には、今も使える普遍的な要素が数多くあります。彼の枠にとらわれない自由な発想も見習いたい。薪を背負って読書に励む少年のイメージとは、だいぶ違ったでしょうが、そのイメージだけでは惜しい人物です。

勝負の勘所をつかんでいた高杉晋作の大胆不敵の戦略眼

高杉晋作（1839-1867）幕末の長州藩士。松下村塾で学び、欧米列強に負けぬ国をめざして長州藩のため働いた。奇兵隊を率いて、幕府軍に勝利する。享年、29。

■勝ち目のない戦いで圧勝した剛腕

その短い生涯で、激動の時代を駆け抜けた快男児・高杉晋作。彼は三味線片手に「三千世界の鴉《からす》を殺し　主《ぬし》と朝寝がしてみたい」とうたう粋人でもあり、自ら創設した奇兵隊で、幕府軍を奇襲で打ち破り、長州藩の海軍総督も務めました。

晋作の凄みは、何度も不利な状況に陥りながら、その度に突破して新たな道を切り開いたこと。彼は、勝負の勘所をおさえるのが抜群にうまかった。

もともと19歳までの晋作は、ワガママな〝不良〟でした。上級藩士の家の長男のうえ、生まれつき病弱だったため、甘やかされて育ったのです。

しかし、冷やかし気分で覗《のぞ》いた松下村塾が転機となりました。師となる吉田松陰と、出会ったのです。「出世のためにする学問は嫌だ」と冷めていた晋作に、松陰は「世に役立てるために学ぶのです」と教えました。それならば、と学問に本腰を入れた晋作は、長州藩の代表として幕府の上海使節団に選抜されるほどに。

この旅で、彼は自分の人生の目的を見つけます。現地で中国人を奴隷扱いする欧米人の姿に憤り、日本の現状に強い危機感を抱いたのです。

日本を海外から守るためには、長州藩を強くしなければならない。その志を持った晋作の周りには、有能な仲間が集まってきました。上層部への根回しでは木戸孝允が、仲間同士の連携では伊藤博文が、実務では山縣有朋が晋作を支えました。

冒頭で説明したように、晋作は負け戦をひっくり返す手腕に長けていました。その勝負勘の良さが、何度も長州を救うことになります。

■晋作流・交渉術で外国人を論破する

たとえば、幕府に対して弱腰の保守派が藩の実権を握った時も、晋作は素早く行動。手始めに、物資が豊富な役所を襲い、これを制圧。初戦の勝利の知らせを聞いて、各地から仲間は集まり、藩の実権を奪い返します。

不利な状況を冷静に分析し、わずかでも勝算があると踏んだら、ためらわず大胆に行動。見事、結果を出しました。その剛腕は、外国人との交渉の場でも発揮されます。長州藩は外国船を打ち払おうと戦いましたが、あっけなく敗戦。圧倒的に不利な立場で、晋作は相手との交渉に臨みます。

彼は、相手が出した条件をほぼすべて飲みます。そうしておいて、これだけは受け入れられない、と賠償金の支払いを拒否。さらに、藩領の彦島《ひこしま》（現・山口県下関市）を貸しなさい、という申し出に対しては、その場で、日本の国の成り立ちを滔々と語りだし、相手に「もういい」と音をあげさせたといいます。駆け引きも、巧みだったのです。

晋作には「志（目的意識）のある者は力を発揮できる」という信念がありました。それを体現したのが、奇兵隊です。藩士以外の農民、町民、力士などが参加した各部隊は、幕府軍にも勝つ強さを発揮。晋作自身も、藩のために尽くすという目的を果たすため、短い生涯を全力で駆け抜けました。

1839

1歳

長州の上級藩士の家に長男として誕生

高杉家の長男として生まれる。病弱のため、両親や周囲からは甘やかされ、ワガママになり、飽きっぽい性格になってしまう。

1857

19歳

松下村塾に入る。藩命で上海へ渡航

松下村塾で吉田松陰の教育を受けて、進むべき道を見つける。努力を上層部から認められ、長州藩代表として上海使節団に選抜。

1864

26歳

イギリス、フランスなど4か国連合艦隊に占拠される

外国船に大砲を撃ったことから、4か国の連合艦隊が馬《ば》関《かん》海峡の砲台を占拠。最新の兵器を装備した、敵の兵力の差を見せつけられる。

逆転の仕掛け①

すでに薩摩は外国人を斬って名をあげた

負けじと英国公使館焼き討ちを実施!

時代は尊皇攘夷へ。弱腰の姿勢で開国を進める幕府に、“攘夷”の意思表示を突きつけたい晋作。薩摩藩は「生麦事件」で異国人を斬り、名をあげている。そこで品川に建設中の、英国公使館を焼き討ちした。幕府の威信を落とし、全国に「長州藩ここにあり」と印象づけたのだ。

逆転の仕掛け②

このままでは外国に長州の地をとられる

延々と演説をして相手を根負けさせる

連合軍との講和交渉に藩の代表として選ばれた晋作。航行中の外国船への物資の提供などは受け入れるが、賠償金の支払いは拒否。長州藩内の彦島を寄港地として差し出せという話を断るため、関係のない日本の歴史を何時間も説明。根負けした相手は、話を引っ込めた。

▶高杉晋作は圧倒的に不利の状況で勝ち進んだ

1864 26歳

藩内の保守派が実権を握る。仲間が処刑される

戦争を回避するため、幕府に恭順の意を示した長州藩。保守派が実権を握り、晋作の仲間である急進派は次々に処刑されていく……。

1866 28歳

薩長同盟成る。第二次長州征伐で幕府軍が押し寄せる

薩長同盟は成立させたが、幕府の大軍が押し寄せた。最新鋭艦の砲撃により、長州藩の拠点は崩壊。敵の上陸を許してしまう……。

1867 29歳

新時代の到来を確信。肺結核のため世を去る

肺結核が悪化し、病床に伏せった晋作。同志や恋人に看取られながら、「面白いのぉ」とつぶやいて息を引き取る。享年29。

逆転の仕掛け③

このままでは、幕府に降伏する流れに…

わずか80人で挙兵。戦ううちに仲間が集まり勝利

保守派を討つため、晋作は仲間に決起を促すが、応じたのは奇兵隊の一部。約80人で3000人の正規軍と戦うのは無謀。そこで晋作は、まず物資の豊富な役所を襲撃。食糧や武器を確保すれば、人を養えると見込んだ通り、同志が集まり、逆転勝利。藩の主導権を握ることに成功。

逆転の仕掛け④

幕府最新鋭の艦隊が長州にやってきた！

ボロボロの船で夜襲！混乱した幕府は総崩れに

藩の海軍総督に任じられた晋作は、鉄ではなく木造の艦艇を購入。そのボロ船で幕府の占領したエリアへ進撃した。最新の艦隊を率いる幕府軍は、まさかやって来るボロ船が敵とも思わず、油断。夜、晋作は敵陣の奥深く入り込んで、全砲門で攻撃を命令、幕府海軍は総崩れに。

縁の下で維新政府を支え続けた由利公正の「貪欲力」

由利公正（1829－1909）幕末・明治の財政家。福井藩士から新政府の徴士へ。新紙幣の太政官札を発行。東京府知事として銀座を築く。子爵に栄進。享年、81。

■不屈の福井藩士

由利公正《ゆりきみまさ》（こうせい、とも）は知名度は低いですが、幕末から明治に縁の下の力持ちとして活躍した人物です。〝由利財政〟とまで称えられた手腕で、明治新政府の活動を裏から支えました。「万機公論に決すべし」で有名な、五箇条の御誓文の草案を考えたのも、この由利です。

それほど功績があるのにマイナーなのは、彼が福井藩士だったからでしょう。薩長の出身ではないため、歴史には由利の名が刻まれませんでした。

しかも彼の人生は、逆風にさらされた経験が多い。それでもめげることなく、辛抱強く物事に取り組み、縁の下の力持ちとして奮闘しました。

福井藩士の家に生まれた由利は、もともと〝文〟より〝武〟が得意な青年でした。剣術や馬術、西洋流砲術を修め、藩主にもその才を認められていました。

ところがある日、政治顧問として熊本藩から招かれた横井小楠から、「銃を撃つのに一発いくら必要か？」と問われ、由利は答えられませんでした。

「農民や商人、職人はモノを生み出すが、武士は消費するだけ。もっと公の役に立たなければならぬ」

由利はそれ以前から、強い目的意識を持っていました。まず、彼は弾薬の製造コストを研究して、従来の5分の1まで下げます。その功績から、藩の財政を立て直す策を求められました。当時は藩内のみで通用する藩札が、額面の半分以下まで暴落した状況。

由利は、福井特産の生糸の海外貿易を考えます。生産量を増やすための元手は、御用商人たちから5万両の資金を集め、その分の〝切手〟を発行。換金できる保証付きの切手で、一時的に生糸業者に支払い、貿易で儲けて借金を返済する再建案でした。

ところが、保守的な上層部が藩札を大量に刷って支払ったため、相場は大混乱。奮闘虚しく、由利は他藩との共謀を疑われ、無情にも自宅で蟄居謹慎の罰を受けます。

■見返りを求めず全力でぶつかる

そんな彼を、歴史の表舞台に引っ張り出してくれたのが、坂本龍馬です。朝廷の実力者・岩倉具視《いわくらともみ》に、由利を経済のわかる男として推薦したのでした。

藩で頓挫した財政改革を、由利は、今度は全国規模で実施。豪商から300万両を集め、日本初の全国紙幣となる「太政官札《だじょうかんさつ》」を発行しようとしました。

が、そのお金を西郷隆盛が使ってしまいます。西郷率いる新政府軍が、幕府を倒すため東へ遠征し、300万両はあっという間に底をつきました。

財源がないのに太政官札を発行すれば、それはただの紙切れ。誰も信用するはずがありません。

そこで由利は、国民に新政府を信用してもらうため、政府がどんな方針で国を運営していくのか、その決意を表明すべきだと考えました。

明治新政府の礎を築く

新政府軍が江戸、会津、そして箱館(現・函館)まで進軍できたのは、由利の経済手腕によるもの。豪商からかき集めた軍資金がなければ、戦いを続けることは不可能だった。木戸孝允、横井小楠とともに、政府に直接、雇用される"徴士"として、由利は新政府の礎を築くことに貢献。

坂本龍馬に経済を指南!

全国で有能な人間を訪ね歩いていた坂本龍馬は、謹慎中の由利のもとにも足を運んだ。彼の経済に関する知識と発想を聞いて感服。また福井藩に限らず、大局的な視点で考える志にも共感。京都の岩倉具視に、「財政を任せるなら由利しかいない」と新政府のメンバーに推薦している。

経済も軍事も前例を次々に破る

身分を問わず、農民兵を組織化するアイデアを、高杉晋作の奇兵隊より先に考えていた。また国民から新しい紙幣への信用を得るまで、小判など従来の通貨と交換できる保証を導入。由利のおかげで、日本で初の全国で通用する新紙幣が発行されたが……。

東京に銀座の町を作った

第4代の東京"府知事"に就任した由利は、当時の東京が火事に弱かったため、木造建築からレンガ造りの建物を増やす。道幅も広くして、ガス灯も立てた。東京を近代都市へと発展させる。

保険会社を設立! 子爵に大出世!

明治政府の要職は、俗にいう「薩長土肥」(薩摩・長州・土佐・肥前)出身者に独占されていた。そんな中で藩のバックアップもなく、由利は独力で政府の財政において成果を出す。晩年は明治生命と合併する有隣生命保険会社を立ち上げ、初代社長に就任。最終的には子爵を授かる。

それを形にしたのが、「五箇条の御誓文」の草案。何度挫折してもあきらめなかった、由利の努力がようやく、具体的になったわけです。

誰でも取り組んでいたことが、不本意な形で終われば不満でしょう。しかし、それは成果という見返りを求める気持ちが強いせいです。

由利は手柄より、社会や国に貢献したい、と純粋に考えていました。だから何度挫折しても、目的のため前進し続けました。こういう気持ちがある人とない人では、人生の荒波を乗り越える力＝「生きる力」に、差がつくのかもしれません。

お金、常識…すべてを捨てることで成功した岩崎弥太郎

岩崎弥太郎（1834－1885）三菱の創業者。土佐藩出身。藩直営の商館の責任者を経て、実業家に転身。海運業を主力とし、莫大な利益を得て財閥を築いた。享年、52。

■マイナスからの出発

岩崎弥太郎《やたろう》は現在まで続く、三菱グループの基礎を築いた人物。三大財閥と呼ばれますが、三井や住友は明治以前に百年以上の歴史がありました。

しかし、弥太郎はゼロから一大財閥を築いた点で、他と違います。いくら幕末維新の激動の時代とはいっても、彼ほど成り上がれた人は珍しい。

では、なぜ彼は成功できたのか？

その答えは、常識もお金もすべて捨てたからでした。当たり前のやり方では、人と同じにしかなれない。だから弥太郎は、常識をすべて捨て、ときには命まで賭け

て、数々の〝壁〟を突破しました。

弥太郎はゼロからのし上がった、と言いましたが、より正確にいえば、〝マイナス〟からのスタートでした。彼の出自は土佐（現・高知県）の地下浪人《じげろうにん》。藩士から差別される郷士《ごうし》の、さらに下。カネも立場もない、その日暮らしの生活でした。

そこで学問を身につけて世に出よう、と考え、藩の学者が江戸に向かう際に、小者として加わりました。苦労して、なんとか江戸で有名な塾に入学できたと喜んだのも束の間、父親が冤罪で投獄された、との連絡を受けます。

不本意ながら、帰国する弥太郎。父への裁きを抗議すると、今度は彼自身が牢に入れられてしまいます。我が身の不幸を呪ったことでしょうが、この獄中での経験が、のちの三菱誕生の礎となるのです。

同じ牢に、藩に禁止されている材木の密売をした者がいました。彼の話を聞くうちに、弥太郎は人がやらない商売は、いかに儲かるのかを知ります。しかも、当時は大名から藩士まで資金繰りに苦しみ、商人に頭を下げて借金する時代……。

学問が少々できても、地下浪人の出世はたかが知れています。それなら商売にチャンスを見出そうと、弥太郎は気持ちを切り替えました。

▶ 常識にとらわれない岩崎弥太郎の発想力

金も地位もないなら持っている人と組む

地下浪人の立場から、自力だけで脱け出すことは難しい。そこで、自分がないものを持つ人間と組んで、経験と実績を積んだ。権力を持つ吉田東洋や後藤象二郎、汽船と人脈を持つ坂本龍馬、金と国家権力を持つ大久保利通。その結果、弥太郎自身が金と影響力を使える立場にのし上がる。

クビを覚悟で「経験」を積む

ネットのない時代に情報を得るには、自ら経験するしかない。そこで土佐藩の代表として、長崎視察を命じられた弥太郎は、預かった公金のほとんどを交際費に注ぎ込む。他藩の武士、商人、外国人と会って見聞を広めた。当然、私的な流用に藩は激怒。呼び戻されて、免職される。

人に頭を下げずカネに頭を下げる

商売に手を出す武士の多くが、お客に頭を下げることができずに失敗。だが弥太郎は、自分の下で働く元武士達に、得意先の使用人にも挨拶するよう指示。彼らが反発すると、「人に頭を下げるのがツラいならば、これを見てお金に頭を下げると思え」と小判を貼った扇子を渡した。

人が嫌がることこそ進んで取り組む

砂糖、紙、かつお節などを専売する藩直営の商館が資金繰りに窮した。立て直しを、喜んで引き受けた弥太郎。さらに悪化させれば死罪。でも、人が嫌がる仕事をチャンスと捉えた。彼は商品を買い取る時は価値の低い藩札を使い、売る時は海外の紙幣を使用。差額で藩の金庫を潤す。

目標が定まった彼は、次々と人がやらないことに挑戦します。

■足りない部分は人と組んで補う

商人を志した弥太郎ですが、資金も経験もない。そこで彼は、自分にないものを持っている人間と、次々に組むことを選びます。

最初は藩政改革の主導者である吉田東洋《とうよう》、次は土佐海援隊の坂本龍馬、さらに明治政府の最大の権力者・大久保利通。彼らから多くを吸収しました。ときには危ない橋を渡りつつも、大きな実りを得たのです。

多くの人は困難に直面すると、すぐに「自分にはできない」と判断して尻ごみをしますが、弥太郎はまず踏み出してから、考えました。

現代も激動の時代。その割に、守り過ぎてはいませんか？　弥太郎の生き方をヒントに、少し勇気を出して挑戦してみてはいかがでしょうか。

4

「突破」の章

なぜ北条早雲は何歳になっても成長し続けることができたのか

北条早雲（1432?-1519）何もないところから関東の2か国を支配する大名へ。謎も多いが、下剋上を体現した最初の人物。子孫は関東8か国を治めるほど繁栄。享年は、88と伝わる。

■40代半ばになって歴史に登場

北条早雲《ほうじょうそううん》は己れの身ひとつでのし上がり、戦国のさきがけとなった人物です。

実は、早雲は生涯に一度も「北条早雲」とは名乗っておらず、歴史的には「伊勢宗瑞」とするのが正しい人物でした。

いずれにせよ、彼が歴史に登場するのは、40代半ばといわれています。人生50年の時代ですから、現代の感覚なら60代ぐらいでしょうか。それから20年かけて伊豆と相模（現・神奈川県の大半）という、2つの国を手に入れました。

現代なら80歳を過ぎても〝進化〟していったわけですが、早雲（便宜上）の成功

▶北条早雲流･着実に出世の階段を上る方法

20代 30代

この時蓄えた力 **教養**

室町幕府で儀式に関わる役人をしていた可能性が高い早雲。歴史上の成功、失敗の実例を数多く学んでいただろう。

謎に包まれている早雲の前半生。中堅どころの役人として、京都で多くの書を読み、禅も学んだ。「来世より現世の努力を奨励する」「チャンス到来をひたすら待つ」など早雲の残した人生観は禅の影響かも。

↓

40代 50代

この時蓄えた力 **人望**

人望を得るには信頼を積み重ねるしかない。"居候"の7年間、早雲は出しゃばらず人の役に立つことだけを考えた。

都落ちした早雲は、今川家の客将になる。世話になる代わりに、熱心に勤める。そんな早雲だからこそ、お家騒動になった時、皆が早雲の調停に耳を傾けた。その功績で土地を与えられる。

↓

60～80代

この時蓄えた力 **自分を知ること**

伊豆、相模の2か国で十分と、あとは領内の安定に力を注ぐ。それ以上の拡大はリスクが大きいと判断。

伊豆を手にしたのは50代のこと。足元を固めてから、60代で相模の小田原を攻め落とした。以後は勢力拡大を打ち止めに。

は単に長命だったからではありません。

彼は何歳になっても、成長し続けることができました。それは若い頃の鍛錬はもとより、人生を長くとらえて、目先の欲や手柄に振り回されなかったからです。

■周到な準備で確実に勝つ

〝大器晩成〟という言葉は、早雲にピッタリです。一般的には「晩年に成功すること」の意味で使われますが、じつは〝大器晩成〟は、「永遠に完成せず、成長し続ける」というのが正しい意味でした。

まさに、早雲の人生そのもの。20代、30代の彼は謎に包まれていますが、室町幕府の儀礼を司る中堅（名門の傍流）の役人として、知識を蓄えていたようです。

ところが、職を失い、親戚の縁で40代で今川家の客将に。当時の感覚なら老年期のリストラですが、彼は焦りません。不平をこぼさず、周囲の人々の信頼を得る努力をしました。

その歳まである意味、芽が出なかったのですから、よほど100%勝てる見込みがないと、戦を仕掛けたりはしません。裏を返せば、動いた時にはすでに勝っている。そんな状態を少しずつ、作り上げていきました。

早雲が狙っていた伊豆には、何度も足を運んで、地理や人間関係を把握し、領主である堀越公方《ほりごえくぼう》がお家騒動を起こしたタイミングで、今川家の兵力も借り、一気に攻め込んで、一国を手に入れます。

ようやく、一国一城の主。さらに領土を拡大するかと思えば、早雲はまた待ちます。税を軽くしたり、お金を貸すなどして領民の人心を掌握、足元をしっかりと固めていきます。

2か国目の、相模小田原城（現・神奈川県小田原市）を手に入れたのは、早雲が64歳のときでした。

■勝負のしどころを見極める

歴史には、待てなくて進んで自滅してしまった人物が少なくありません。不安になって、ついムリに仕掛けてしまって敗れるのです。

でも、早雲は余裕を持って生きていました。いまは隙がないけれども、チャンスは必ず来る。そのための準備をしておく、という考え方です。

翻《ひるがえ》って現代のビジネス社会では、すぐに成果を出すことが求められます。だからといって、それに振り回されれば、結局、何も身につかないでしょう。一夜漬けの試験勉強を、永遠に繰り返しているようなものです。

人生は長い。じっくりと練って、着実に積み上げていく。

ただし、チャンスがきたら果敢に勝負！　決断を先延ばしにして、早雲の子孫のような「小田原評定《ひょうじょう》」にならないように、気をつけるのも肝心なことです。

丹羽長秀があえて「使いやすい人」に徹した理由

丹羽長秀（1535−1585）織田家のナンバー2の武将。10代の頃から信長に仕え、天下統一に尽力。本能寺の変の後は、秀吉を支持した。51歳で病気のため死去。

■しがらみから距離を置き、フリーハンドを確保

丹羽長秀《にわながひで》は、柴田勝家に次ぐ織田家のナンバー2であり、信長にもっとも信頼された男です。そのうえ歴史を左右する場面で、羽柴（のち豊臣）秀吉に大きな貢献をしました。

にも関わらず知名度は低く、地味な存在です。じつはこの〝知る人ぞ知る〟部分が長秀のすごさなのです。当時、織田の家臣を表した「木綿藤吉《もめんとうきち》、米五郎左《こめごろざ》」という歌がありました。

藤吉（秀吉）は木綿のように便利で、五郎左《ごろうざ》（長秀）は米のように〝なくてはな

らないもの〟という意味。派手な活躍などなくても、組織に必要な人材だと認められていたわけです。

長秀が信長の信頼を高めたのは、私利私欲による言動をとらなかったからです。

ふつうの武将は手柄を立てたい、自分を認めてほしいために、さまざまな策を弄します。出世第一を考えて、行動するものです。

だから、自分を引き上げてくれそうな人物と組んで派閥を作る。派閥メンバーのメリットを優先し、逆にミスは庇《かば》いあってうやむやに……。

ところが、長秀は違います。

自分の功名心を捨て、織田家全体にとっての利益を考えて発言します。ナンバー2でありながら、派閥を作ろうとはしない。中立の立場から正論を吐くため、ほかの武将たちも耳を傾けざるを得ないのです。

そのうえ、彼はこだわりなく誰でも助けます。ふつうは、柴田派の武将を対立する秀吉の援軍に送っても、上手《うま》くいかない。その逆も、然りです。しかし、無派閥の長秀なら、どの武将とも合わせられるため、全方位の応援に使われました。

これは本来、損な役回りです。援軍は手柄を立てにくく、評価されるのは本隊の

▶ 丹羽長秀流・人から信頼される5つの生き方

経営者と**同じ目線**で考える

ふつうの家臣は自分の利益を考えて、全体を見る。しかし、長秀は最初から織田家全体を考えている。柴田勝家など古参の部将達が、秀吉や光秀などの新参者の出世を快く思わなかったのに対して、長秀は正当に評価した。経営者と同じ目線で、組織に必要な人材を考えることができた。

人によって**態度**を変えない

長秀は信長に媚びへつらい、何でも受け入れたわけではない。信長が上洛し、宿老達に官位を与えた際、長秀にも九州の名門の姓を与えようとする。だが、長秀は「丹羽」にこだわって「結構でござる」と断った。誰にでも自分の筋を通すからこそ、周囲から一目置かれる存在に。

損な役を引き受ける

織田家の宿老は各方面で担当司令官となるが、長秀はサポート役ばかり。北陸に柴田の助けに行ったり、中国地方で秀吉の助っ人をする。あくまでサブなので合戦で手柄を立てても、司令官に美味しいところを持っていかれる。損な役割だったが、どの戦場でも全力で加勢に努めた。

“使いやすい人”である

有能な人材でも派閥の絡みや私利私欲があれば、上司は任せる仕事が限られてしまう。その点、長秀は派閥をつくらず、属さず、功名心もないため、非常に使いやすい。どの部将と一緒に仕事をさせてもうまく噛み合う。文句も言わずに、全力で組織のために働いてくれる。

「場」に流されない

織田家の跡目を決める清洲会議。柴田と秀吉の意見が対立。腹痛を理由に秀吉が中座したため、長秀が柴田につけば丸くおさまる空気だったが、彼は秀吉を支持する。「光秀を討った秀吉の意見を尊重するべきだ」と正論を述べた。圧力を受けても、場に流されずに自分の意見を貫いた。

武将です。だから、長秀は地位の割には、ほかの宿老に比べて領地は少なめ……。

それでも、彼は惜しみなく働いたのです。

京都で『馬揃え《うまぞろ》』という織田全軍のパレードを行った際、トップで入場する栄誉を与えられたのは、柴田や秀吉ではなく丹羽長秀でした。

■自分の欲は抑え、つねに全体を考えて動く

長秀のすごさは、上から使われやすいだけではありません。なんと下からも使われやすいのです。

長秀を慕った典型が、羽柴秀吉。彼の苗字が柴田と丹羽から一字ずつもらったことは有名ですが、筆頭宿老の柴田より、長秀の〝羽〟を上にして好意を表しています。

天下を取る際、秀吉は長秀をうまく〝使い〟ました。山崎の合戦では総司令官の秀吉を、長秀がサポートして明智光秀を討っています。

そして名高い清洲《きよす》会議――当初は織田家の三男・信孝《のぶたか》を推す柴田派が有利でしたが、秀吉は「次男の信雄《のぶかつ》様を抜かして、三男が継ぐのはおかしい。ましてや直系の

三法師《さんぼうし》様（信長の長男・信忠《のぶただ》の子、のちの秀信《ひでのぶ》）がいる」と主張。この手の正論に、長秀は味方してくれると確信していました。

実際、長秀が秀吉を支持して形勢は逆転。のちに天下を取るための礎を、秀吉は築けたのでした。

信長や秀吉のようなカリスマタイプがムリなら、長秀を目指してみてはいかがでしょうか。自分の欲は抑え、つねに全体を考えて動くという〝ブレない軸〟を忘れずに！

最短でなりたい自分になれる加藤清正の〝マネする力〟

加藤清正（1562-1611）秀吉の子飼いの家臣として、多くの戦場で手柄を立てる。勇猛果敢なだけでなく、熊本藩の初代藩主として、築城・治水などの善政でも有名。享年、50。

■自分を大きく見せる技術は、秀吉仕込み

加藤清正《きよまさ》のイメージは、虎退治など勇猛果敢な武将で、徳川家康もその武勇を恐れたほどの人物といったところでしょうか。

しかし、我々が学ぶべきは、彼の武勇よりも、上司・豊臣秀吉とのつき合い方です。とはいえ、秀吉にどう気に入られたかではありません。

身分の低い、無学な清正が、肥後一国（現・熊本県）の主になった秘密は、上司を賢く〝利用〟する方法にありました。

上司のいいところを盗み、上司がもっていない能力を身につける。そうすること

で自分の能力も上がるし、上司からも頼りにされます。

そんな清正の生き方を、自分を伸ばすヒントにしてみては――。

上司の秀吉は、自分を宣伝する達人です。自らを実態以上に大きく見せて、相手を恐れさせる。たとえば黄金作りの茶室もそうですし、小田原攻めの際、20万の大軍で小田原を囲み、周囲に城や町まで作ってしまうなど、具体例はいくらでもあります。

当然、清正もこれらを見て、学んでいます。愛用の槍の先は本来、十文字なのに刃が1本欠けています。この理由を人は、「合戦で欠けた」とか「虎退治で〜」とウワサしますが、じつは最初から欠けていたのです。

あるいは当時、稲富流《いなとみりゅう》の砲術家に、加藤家の家臣を師事させました。「さすがは、加藤家」と人々は噂しましたが、門下生になっていたのはたったの1人。これも考えてみれば、自分を大きく見せる戦略の一つです。

あとは、秀吉のように、人を使うのも上手い。清正を〝築城の達人〟と思っている人は、彼の自己演出にハマッています。数学計算の必要な築城は、学問のない清正には難しい。しかし、全国から土木建築の得意な人間を集め、それらの指揮を執る能力には、清正は長けていました。

その結果、生まれたのが名城・熊本城です。さらに、氾濫して手に負えなかった球磨川《くまがわ》の水流をコントロールし、200年ももちこたえた堤防も造りました。これも清正の功績です。

■良いと思えば何でも取り入れる

このように彼は、秀吉の優れた部分を間近で見て、自分でも実践しています。これはできるようで、なかなかできないことです。とくに上司が自分とタイプが違うと思えば、皆さんもその上司をマネしてみよう、とは思わないでしょう。

でも、清正はそこで自分のタイプとかプライドにとらわれません。良いと感じたものは、取り入れてみる。そのうえで、合わないのなら自分流に変えればいい、と考えるのが清正流です。

これは上司に媚びるのとは違います。上司が好きな麻雀や釣りに、無条件でつきあうというレベルでもありません。

清正には単にまねるだけでなく、秀吉が危ない時は命を張って守る気概《きがい》がありました。上っ面だけ媚びるのではないので、秀吉も感動します。

実際、清正は秀吉から受けた恩を生涯忘れず、豊臣家を守ることに全力を尽くした忠義の武将でした。

ここで皆さんの、本音がチラホラ。

「秀吉なら、学ぶ価値も助ける意味もあるけど、オレの上司なんて……」

たしかに、人間関係には相性があります。ましてや現代は、主従の間柄ではない。戦国時代でさえ、主君を変えることは珍しくありません。それならば、転職して上司（会社）を変えるのも手でしょう。

でも、もう一度だけ、いまの上司を偏見なくながめてみましょう。学ぶべき点は、必ずあるはずです。あなたが清正のような心構えで仕事をしていけば、きっとレベルは上がると思います。頑張ってください。

して手柄を立てる。現代でいえば、企画力バツグンの課長の下で、ひたすら売りまくる営業マン。

その２　領民に慕われた

多くの大名は、領地から年貢を搾取することに力を注ぐ。しかし清正は、領民のために治水や新田開発を第一に考えた。現代でも熊本県では、「清正公（せいしょうこう）」と慕われている。清正の評判は、上司秀吉の評価をも高める。

方法３　主君がピンチの時は命をかえりみない

緊急事態が発生したとき、本当の人間性がわかるといわれる。形勢不利と見れば、主君を裏切る家臣も珍しくない乱世。清正は一途に、秀吉の身の安全を考えていた。

その１　伏見大地震で秀吉が危ない…

朝鮮出兵のおり、越権行為を咎められ、「閉門」を命じられた清正。屋敷に謹慎し、外に出れば死罪も免れない。そんな時期に、京都を襲う大地震。家臣の制止を振り切って、清正は秀吉の下に駆けつける。秀吉は泣いて、清正の罪を許した。

その２　朝鮮出兵で日本軍は劣勢…

秀吉が起こした、対外戦争の朝鮮出兵。最初は快進撃だったが、異国の地で戦うため、次第に追い詰められる日本軍。しかし、清正はその苛酷な環境の下でも戦意を失わず、獅子奮迅の働き。現地では『鬼将軍』と、恐れられた。

▶ 加藤清正流･自分の力を伸ばす3つの上司活用法

方法1 主君・秀吉を徹底的にマネする

上司の良いところを素直に学ぶこと、これが自分を伸ばす基本。ましてや清正の上司は、天下人の秀吉。生きた教材から優れたワザをマネて、自分自身を高めていった。

その1 「この人すごい！」と思わせる

清正は､秀吉の宣伝上手を身につけている。ある日､砲術の名門･稲富流の師範と出会った清正。即座に「門弟に加藤家の家臣を加えてください」と5人の名を出して師範の機嫌を取る。でも、実際、弟子になったのは1人のみ……。稲富門下に家臣がいる事実があれば、それで十分。加藤家は砲術にも長けている、とクチコミで広まり、恐れられる。

その2 自分を大きく見せる

自己演出も、秀吉から学んだワザ。清正は180cm以上の長身。にも関わらず、烏帽子の形の長い兜を被る。2m以上になった姿は戦場でどこにいても目立つ。さらにヒゲを生やして、豪傑のイメージを自ら演出した。

方法2 秀吉が苦手な部分を補う

マネをしているだけでは、上司を超えることはできない。清正は秀吉が苦手とするところを補い、上司から一目を置かれた。そして、主従の総合力を何倍にも高めた。

その1 秀吉はいくさ働きが苦手

作戦を立てるのは得意な秀吉だが、刃を合わせての戦闘は人並み以下……。清正は頑健な巨体を鍛え、技術を磨いて槍の達人と

相手の気持ちを瞬間でつかむ伊達政宗流の自己演出術

伊達政宗（１５６７－１６３６）奥州の戦国大名。幼少時の病気で右目が見えなくなるが、勇猛果敢で独眼龍と恐れられた。「千代」の地名を現在の「仙台」に改めた人。享年、70。

■相手に寄り添うことで信頼を勝ち取る

人づき合いの難しさは、昔も現代も変わりません。

とくに上司や取引先など、自分の評価や成果につながる相手に対して、上手《うま》くいかずに悩む読者も多いのではないでしょうか。ましてや戦国時代は、相手の機嫌ひとつで、自分の命さえ危うくなる弱肉強食の環境。そんな過酷な状況で、何度も謀叛が発覚したのに、天下人たちから可愛がられた武将が、伊達政宗《だてまさむね》です。

秀吉は自分の刀を政宗に持たせたまま、大坂城を案内しました。家康は息子たちの将来を、彼に頼んでいます。権力者にそこまで信頼された秘密は、相手に合わせ

▶ 伊達政宗流・自己演出術

派手好きな秀吉には…

**“伊達者”を気取って
大胆不敵に対峙する**

朝鮮出兵の際、黒鎧や朱塗りの太刀で行軍したり、謀叛を疑われると、十字架を背負って行進……。伊達者と呼ばれるパフォーマンスは、派手好きでユーモアのある秀吉を意識しての演出。最後まで反抗したのに、可愛がられた。

苦労人の家康には…

**頻繁に江戸に通って
報・連・相を徹底**

幼い頃から人質に出され、辛酸を舐めてきた苦労人の家康には、仙台から頻繁に江戸に通って、報・連・相を絶やさない。コミュニケーションを重ねることで、シビアな家康からも、憎からず思われることに成功している。

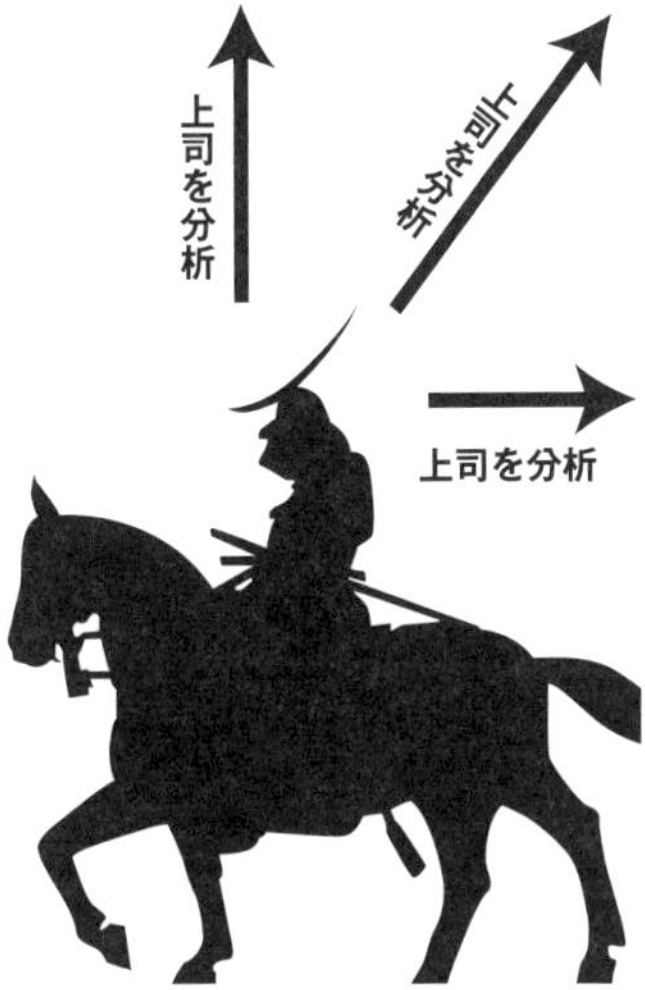

生まれながらの将軍・家光には…

**将軍だからといって
媚びない。
時にはたしなめる**

生まれながらの将軍・家光。多くの武将がひれ伏す中、歴戦の雄・政宗は媚びることなく、将軍を諫めることもあった。祖父の家康を尊敬する家光は、家康と戦った政宗にも一目おいた。政宗はそれがわかっていての、交際であったのだろう。

た自己演出術にありました。政宗の生き方から、成功のヒントを紹介しましょう。

仕事はデキるのに、なぜか上司や取引先からのウケが悪いビジネスマンがいます。彼らの多くに共通するのは、人づき合いにおいても「オレにはオレのやり方がある」と、自分のスタイルを押し通してしまうことです。誰にでも同じ接し方をするのは、カッコ良く見えるだけで、他人の気持ちを摑むことにはつながりません。

政宗は若くしてそのことに気づき、相手に合わせたつき合い方を上手《じょうず》にしています。派手好きの秀吉には、〝伊達者《だてもの》〟と呼ばれる豪華で一風変わった衣装を着て、喜ばせました。実直さを好む家康相手には、江戸まで足繁く通い、頻繁にコミュニケーションを図ります。仙台にいるときは、マメに手紙を出し続け、猜疑心の強い家康から信頼を勝ち取っていったのです。

■弱点にこそチャンスは眠っている

当時、強大な力を持った外様大名に薩摩の島津家があります。彼らは政宗とは対照的に、徳川家康との交流を深めませんでした。コミュニケーション不足のため、警戒され、徳川幕藩体制下の仮想敵国として冷遇されます。

▶伊達政宗・4つのコンプレックス撃退法

01 内面を磨くしかないと覚悟

政宗が英雄になれた一番の要因は、「覚悟」したこと。伊達家の家臣を率いる立場になる身として、隻眼は戦う上でもハンデとなるし、その容貌では部下に睨みがきかない。自分には内面を磨くしかない、と覚悟したことで強くなれた。

02 厳しい師匠に食らいついた

人間は自分だけでは、成長に限界がある。だからこそ、厳しく指導してくれる師匠に学んで、潜在能力を開花させる。名僧・虎哉和尚から学問を、豪傑・片倉小十郎から武術を、各々スパルタ教育を受け、それに食らいついた。

03 先祖を心の支えにする

『政宗』は、伊達家では最高の名前。昔、奥州を統一しかけた9代目当主の名が“政宗”だった。その栄光ある名前をつけられた17代目当主の政宗は、自信と目標を持てた。先祖のように、奥州の王になると燃えたはず。

04 小さい成功を積み重ねた

戦国大名が自信をつけるには、合戦の経験が一番大事。10代の指揮官・政宗を、片倉小十郎はよく補佐した。東北に多い小豪族の弱い相手からぶつけ、徐々に敵のレベルを上げる。20代の政宗は立派な合戦上手。

自分は、政宗ほど自己演出できる性格ではない、と感じる読者もいるかもしれません。しかし、ビジネスにおける人づき合いは性格ではなく、戦略と戦術で実践するものなのです。

本来、政宗も社交的な性格ではありませんでした。幼少の頃、右目を失明し、そのコンプレックスから引きこもりになっていたほどです。

だからこそ、つき合う相手のことをよく見定め、向こうに求められることを、積極的に自己演出した。これこそが、乱世を勝ち抜く戦略となったのです。自分のやり方に固執するのは、戦略的とはいいません。

政宗は戦国時代の終盤に生まれたため、天下取りレースには参加できませんでした。しかし、そのおかげで天下統一に立ち会い、武将の力関係をハッキリ見定めることができたのです。遅れてきたデメリットを、上手《うま》く活かしたわけですね。

成功のチャンスは、自分自身の中にあります。あなたが弱点と思い込んでいること、不利だと悩む状況の中にこそ、真のヒントはあるのです。そこに気づけば、政宗のように道は開けるはずです。

男が惚れる男・本多忠勝の「強さ」の鍵とは？

本多忠勝（1548－1610）徳川四天王の1人。名槍「蜻蛉切」を振るって、家康が天下を取るまで多くの合戦の先鋒を務めた。桑名藩10万石の領主。享年、63。

■追い詰められても前に出た男

本多忠勝《ただかつ》は徳川四天王の1人で、家康が合戦において最も信頼した部将です。生涯57度の戦いに参加しながら、一度も傷を負わなかったといわれています。

真田家との縁は深く、真田信之《のぶゆき》（初名は信幸《のぶゆき》）の義理の父親となり、関ヶ原後に切腹寸前だった昌幸と信繁《のぶしげ》の親子を助けたことでも知られています。

この義理堅さと、ピンチの時こそ力を発揮する勝負強さが、忠勝を名将に押し上げました。彼は追い詰められても、迷わずに前に出ます。その一歩が、幾度も自軍を勝利に導く原動力になりました。

もともと13歳で初陣を果たした忠勝は、すぐさま家康の近習となります。6歳年上の家康に生涯仕え、徳川が天下を取るまでの、ほとんどの合戦に参加し、活躍しました。その勇猛さで、豊臣秀吉すら退かせたことがあります。秀吉と家康が激突した小牧《こまき》・長久手《ながくて》の戦いでは、秀吉の8万の大軍を前に家康はピンチに。駆け付けた忠勝は500の兵のみで、秀吉の大軍勢の前に布陣します。

勝つ確率は、ゼロでしょう。でも、家康が引き上げる時間を稼げれば充分。命を賭けて主君を守る覚悟と気迫に、秀吉は思わず感涙して、攻撃を中止してしまいました。ふつうは、そんな大軍を前にしたら腰が引けるでしょう。しかし、忠勝は主君のためという信念がブレないため、判断が速い。揺るがない軸があるので、悩まずに前に出て活路を開けたのです。

もちろん、やみくもに突撃するわけではありません。本能寺の変では、家康に自領への退却を勧め、窮地を脱しています。彼には、合理的な面もありました。兜の装飾部分には何枚もの和紙が貼りあわせられ、それを漆で固め、軽量化しています。57度の戦いでひと傷も負わなかった背景には、こんな工夫もあったのです。

▶強い！ 速い！ ブレない！ 本多忠勝の強さの秘密

強さの秘密① 前に出る

長久手で戦闘中の家康を急襲するため、秀吉が８万の兵を率いて進軍。その情報を得た忠勝は兵500のみで、秀吉軍の前面に立ちはだかった。全滅は必至。だが、家康が引き上げる時間稼ぎのため、己れの命を投げ出した。その壮絶な覚悟に心揺さぶられた秀吉は涙を流し、攻撃を控えた。

強さの秘密② 迷わない

家康が命からがら逃げだした三方ヶ原の戦い。当時、最強といわれた武田信玄に、さすがの家康も敵わず敗走。忠勝は主君を安全に逃がすため、最後まで戦い、自分も無事に生還した。

強さの秘密③ 合理的

忠勝の代名詞ともいえる天下の名槍・蜻蛉切。しかし、晩年の彼は蜻蛉切の柄を 90 ㎝ほど切って短くしてしまった。周囲が驚くと、「どんな武器も、道具として使いやすくなければ意味がない」と答えた。老いた腕で振るうために、名槍でも切って軽くするという合理的な考えの持ち主。

強さの秘密④ 筋を通す

曲がったことが嫌いで､筋を通すから敵味方から信頼される。娘婿の真田信之が関ヶ原の戦いの後、父の昌幸、弟の信繁の助命に来た際、冷たい態度の家康に忠勝はキレた。「家族と別れてまで、味方した信之殿の頼みが聞けないような主君なら、ワシが合戦いたす」と言い放ち真田親子を救う。

強さの秘密⑤ つねに冷静

忠勝は単なる猪突猛進タイプではない。退く局面も冷静に判断できる。本能寺の変の際、少人数で堺にいた家康はパニック状態。「光秀に一太刀浴びせてやる」と熱くなる主君を､「領国に戻り、軍勢を率いて仇を討ちましょう」と説得。意表をつく伊賀越えで、無事に家康を帰した。

■真田を殺すというなら拙者がお相手する

家康に一途《いちず》に尽くした忠勝ですが、言うべき時は迷いません。たとえば、関ヶ原の戦いで敗れた真田親子を、忠勝は家康に楯突いてまで救っています。

そもそも徳川方についた真田家の長男・信之は、忠勝の娘婿でした（形式は家康の養女をもらったことに）。信之は、豊臣方の父と弟の助命嘆願をしますが、当初、家康は聞く耳を持ちません。忠勝が口添えしても効果がない。

家康は、真田家を憎んでいました。昌幸らの奇策で徳川の大軍が二度、敗れたとの記録があったからです。が、恨みによる裁きを、忠勝は許せませんでした。なんと、「殿と合戦つかまつる」と激高。ついには家康も折れ、真田親子を九度山への流罪にしました。感謝した信之の真田家は、幕末まで徳川幕府に尽くしたのです。

忠勝は、つねに家康の意に沿う言動をしたわけではありません。主君が最良の選択をするように、ときには命を賭けて戦い、ときには諌めたのです。

あなたの心に〝揺るがないもの〟はありますか？　忠勝のように、上司のためでなくてもいい、人生をかけるに値する大切な何かが。それがある人生は、余計なことに悩まず、シンプルに突き進める点で、生きやすいとも言えるでしょう。

ダメなものをダメと言える徳川光圀の「筋を通す力」

徳川光圀（1628－1701）水戸藩2代藩主。徳川家康の孫。5代将軍綱吉に意見するほど、幕政に影響力をもった。人気ドラマ「水戸黄門」の主人公でもある。享年、73。

■水戸光圀とはどのような人物だったか

徳川光圀《みつくに》は、国民的人気の時代劇『水戸黄門《みとこうもん》』の主人公。とはいえ、あの活躍は完全なフィクション。彼は諸国漫遊はしていないし、実際できませんでした。

江戸時代の各藩には、自治権が与えられ、各大名が支配しています。御三家であろうと、公式訪問でもないのに、勝手に他の大名領を歩き回るのは許されません。ましてや、「助さん、こらしめてやりなさい」などといって暴れまわったら、討ち取られても文句は言えません。

ただし、光圀が存命中から庶民に人気があったのは事実です。筋の通らないことに敢然と立ち向かう意志を示す、ブレない生き方をしたからこそでしょう。

■曲がった筋は自分の手で戻せばいい

ズル賢い家老が企む、お家乗っ取りを阻止する。これぞ水戸黄門の旅の目的の定番ですが、じつは光圀自身が〝お家乗っ取り〟をしていたのです。

水戸藩祖・徳川頼房《よりふさ》の三男に生まれた光圀には、本来、藩主になる資格がありません。しかし、光圀派の家臣の画策で、兄・頼重《よりしげ》よりも先に3代将軍・徳川家光と面会してしまいます。そのうえ、名前に〝光〟の字までもらった。こうなると、生まれた順番を飛ばして、光圀が次期当主に決定する時代でした。

彼自身は、不当な流れで藩主に決められ、罪の意識に苛《さいな》まれます。挙句の果てには、往来で人をあやめるような無頼の生活も送る。でも、司馬遷《しばせん》の『史記』を読み、弟を国王にするため、自ら国を去る兄たちの逸話に感銘を受けます。

曲がった筋を、自分の手で元に戻せばいい。光圀は兄の息子を養子にして、自分の後継者に定めました。

筋を通す生き方は、相手が誰でも貫きます。4代将軍・家綱《いえつな》に子供がなく、大老・

酒井忠清《さかいただきよ》は徳川家以外の将軍＝宮家を誕生させようとします。忠清は自らが、鎌倉幕府の執権・北条氏になる気でいました。が、誰もこの最大権力者には逆らえず、あわや実現という事態に。

そこで、光圀が登場します。4代将軍の弟がいるではありませんか、という老中・堀田正俊《ほったまさとし》の正論に、光圀が賛成。忠清は大老を失職しました。そして生まれた5代将軍こそが、〝犬公方〟の徳川綱吉《つなよし》です。

■異議申し立ても辞さない覚悟

光圀が体を張って将軍にした綱吉は、今度は手に負えない独裁者に変貌しました。出した法令が、「生類憐みの令」でした。

生き物を大切にせよ、という本来の主旨が、次第にエスカレート。咬み付いてきた犬を殴ったら島流し。頬に止まった蚊を叩いた武士が、蟄居閉門《ちっきょへいもん》の罰を受けるありさま……。

行き過ぎだと感じても、気分次第で老中さえクビを切る将軍綱吉には、誰もいさめることができませんでした。

そこで、再び光圀の登場です。なんと彼は、「寒いでしょうから、これをお使いください」と、数十枚の犬の毛皮を将軍家に贈ったのです。

綱吉は戌年の生まれ。〝生類〟の中でも、一番犬を大切にしていました。

当然、激怒した綱吉によって、光圀は隠居させられます。でも、水戸に帰った光圀は感情的にならず、じっくりと腰をおちつけて、『大日本史』の編纂に取り組みました。

現実には光圀のように、弱きを助け、強きをくじく道は険しいでしょう。とくに仕事では、理不尽さを受け入れなければならない場面もあります。長い物には巻かれろ、と迫られることも。

しかし、人生には決して譲れない問題があります。これだけは譲れないぞ、と思ったら、異議申し立ても辞さない覚悟を持ちましょう。勇気を出して筋を通せば、思わぬ味方が現れることもよくあること。

のちのちになって、あの時なァ……と後悔するぐらいならば、筋を通すのも一つの立派な生き方です。

▶ 徳川光圀の人生を変えた5つの力

筋を通す力	兄を差し置いて家督を継いだため、兄の息子を養子にして、筋目を通す。また"下馬将軍"と恐れられた大老が徳川家以外の将軍を推した際も、断固反対。4代将軍の弟である綱吉を5代将軍に据えた。相手が時の権力者であろうと、筋の通らないやり方には敢然と異議を唱える。
上に意見する力	長いものに巻かれろ、という考えが大嫌い。そのため、徳川幕府史上、もっとも権力の強い将軍といわれた綱吉に対しても一歩も退かず。生類憐れみの令で老中さえ怯えているのに、あえて犬の毛皮を贈って、綱吉の横暴ぶりを指摘。処罰を受けようとも節を曲げない。
自分を変える力	自らは望まない後継者になったことで、荒れてケンカ三昧の日々。しかし、18 歳で司馬遷の『史記』を読んだことから考え方が一変。弟に王位を継がせるため、国を立ち去った兄たちのエピソードに強い感銘を受けた。態度を改め、兄の子の模範となるような名君であろうと努めた。
好奇心力	未知のモノに対する好奇心が強く、ワインを愛飲し、実現しなかったが蝦夷にも行きたがっていた。生類憐れみの令が出た後も、牛や豚の肉を好んで食べた。また中国より招いた儒学者が作った中国式の麺まで実食。これこそ日本史上、初めて食べられたラーメンという説もある。
やり通す力	人生を変えるきっかけになった『史記』のような歴史書を日本でも残したいと始めた『大日本史』の編纂。日本各地に学者を派遣して、史料を調べるという、本来なら国家レベルの大事業にとりかかった。光圀の強い意志は受け継がれ、約250 年という年月をかけて明治39年に完成。

自分を追い込むことで乗り越えた松尾芭蕉のあきらめない生き方

松尾芭蕉（1644－1694）江戸時代の俳諧師。元は下級武士の出身。芸術性の高い「蕉風」を確立したため、〝俳聖〟と呼ばれる。紀行文を多く残して、51歳で死去。

■芭蕉の執念

松尾芭蕉《ばしょう》の残した句の数々は、現代でも有名ですが、読者の皆さんは芭蕉本人に、どんなイメージを持っていますか？

じつは、淡々と俳句を詠む優雅な人物像は、俳風を確立した晩年の姿です。20代、30代の芭蕉は上昇志向がやたら強く、貧乏から這い上がりたい、世の中から認められたい、と必死にあがき続けていたのです。

その手段が、俳諧でした。ほかに得意なものがなく、わずかに習った俳諧にしがみつき、なんとかモノにして立身出世したい、と執念を燃やした人。それが松尾芭蕉でした。

■それでも芭蕉はくじけなかった

彼の生まれは、最下層の武士の家。ふつうにしていては、一生貧乏の境遇から抜け出せません。

伊賀上野城の城代をつとめる、津藩藤堂家の台所管理の職についた芭蕉は、城の嫡男の良忠《よしただ》（俳号は蝉吟《せんぎん》）と仲良くなります。

良忠に気に入られるため、彼が好きな俳諧の稽古にも積極的につきあいました。接待ゴルフならぬ、〝接待俳諧〟。良忠が順当に当主となれば、自分の未来も開ける、と芭蕉は確信していたようです。

ところが、良忠が25歳の若さで病死。23歳の芭蕉は、目の前が真っ暗になってしまいました。

しかし、彼はくじけません。もう人には頼れない。では、自分には何があるのか。わずかに強みといえるのは、〝接待俳諧〟だけでした。俳諧は出自とは関係のない、実力の世界です。

早速、本場の京に上って、本格的に勉強を始めます。でも、見回せば各流派が乱立し、ライバルの多い世界。激戦区に、新参者が入る余地はありませんでした。

本場の京都で勝てないなら、場所を変えればいい。当時、江戸には優れた俳諧師が少なく、京で鍛えた芭蕉には勝算がありました。

■欲と雑念が消えたとき「見える景色」が変わった

当時の江戸の俳句は、芸術性はなく、その場のウケ狙いが主流でした。俳諧師は、そんな遊びの作品を褒めてお金を稼ぐしかない、という状態。失望した芭蕉ですが、この江戸で俳諧の地位を高められれば、自分が第一人者になれる、と考え方を改めます。

芭蕉は、俳諧に漢詩の要素を取り入れるなど、試行錯誤をくり返しました。その間、生活費を稼ぐために、河川工事の現場で帳簿をつける仕事で、生活費を稼ぎます。

しかし、認められずに10年が過ぎ、40歳目前になった芭蕉。追い込まれた彼は、死を覚悟しての旅に出ます。当時の旅は、時代劇の物見遊山とはまるで違いました。

料理を出す宿などないため、食料を持参し、馬小屋に泊まり。山賊や追いはぎを警戒しながら、歩く毎日です。

決死の道中を重ねるうち、芭蕉の心から欲が消えていきます。その心持ちで、風景を無心で詠んだ時、次々と名句が生まれたのです。〝蕉風〟と呼ばれる芸術性の高い独特のスタイルが誕生しました。

自分を追い込んだからこそ芭蕉は、目に映る景色が変わったのでしょう。筆者も、古流剣術の師が、真剣を用いた稽古で追いつめられ、芭蕉と似たような経験をしたことがあります。斬られた、死ぬ、と思った瞬間、雑念が消え、肝が据わりました。

読者のみなさんも、いよいよとなれば、己れを窮地に追い込んでみるのも、一つの「生きる力」を獲得する方法になるかもしれません。

いわゆる、〝背水の陣〟です。どうです、布《し》いてみては——。

1644年

貧しい武士の家の子として生まれる

津藩（現・三重県）の貧しい武士の次男に生まれた芭蕉。出世の糸口として、城代の台所管理の職を得る。

挫折1

「この人についていく」と決めた人が突然亡くなる

城代の嫡男に認められるため、俳諧を学ぶ芭蕉。が、頼みの嫡男は25歳の若さで病死。当時の句（左）はまだ半人前。

【当時詠んだ歌】

「姥桜咲くや老後の思《おも》ひ出《い》で」

こうして逆転！

「望みを捨てない力」で這い上がる

俳諧の学友が当主になれば、自分を引き上げてもらえる、と考えていた芭蕉だが、その死で望みを断たれた。そこで、武士の世界での栄達はあきらめて、ほかに世に出る道を探った。かろうじて芽が出始めていた俳諧に、自分の可能性を見出し、賭けることに。

挫折2

京に出て俳諧を習うも本場はライバルが多い

俳諧で身を立てようと京に出るが、本場なので競合相手だらけ。しかも、各流派が乱立し、新参者の居場所はない。

こうして逆転！

「勝てる場所で勝負する力」で這い上がる

京にいた俳諧の師匠を訪ね、本格的に学ぶ芭蕉だが、本場には彼以上の才能の持ち主がゴロゴロ。そこで、戦う場所を変えようと考えた。江戸はまだ俳諧の新興地。試しに句集を江戸で出版すると、そこそこの売れ行きになったので、思い切って江戸で勝負することを決めた。

▶ 挫折の連続を乗り越えた松尾芭蕉のあきらめない人生

挫折3

当時の俳諧師の地位は商人の太鼓持ちレベル

生活のために俳諧師は、金持ちの商人の作品を褒めそやす。まるで太鼓持ちのような姿勢に、芭蕉は幻滅する。

【当時詠んだ歌】

「芭蕉野分《のわき》して盥《たらい》に雨を聞《きく》夜《よ》哉《かな》」

こうして逆転！

「人に頼らない力」で這い上がる

おべっかを使い、下手な作品を褒めて、商人にパトロンになってもらう俳諧師にはならない、と決めた。そのため、生活費を稼がなければならなくなる。河川工事の現場で、人足の帳簿付けをするような仕事を、４年間もするハメに……。その合間に、ひたすら俳諧の研鑽を積む。

挫折4

俳諧師としても中途半端 何をやっても成功できない

世間から一目置かれる俳諧師になるため、芭蕉は漢詩を取り入れたり、寺に参禅したり。でも、なかなか芽が出ない。

【当時詠んだ歌】

「野ざらしを心に風のしむ身哉」

こうして逆転！

「自分を追い込む力」で這い上がる

何をやってもうまくいかないまま、気づけば40歳目前に。破れかぶれで、旅に出る。当時の旅は、生きて帰れるかわからないほど過酷なもの。必死に旅を続けるうちに、雑念が消え、目にした自然をありのままに詠む。欲を捨てた作風が、後の世に残る数々の名句を生んだ。

1694 年 日本一の俳諧師として成功!

旅に出たことで、自らの作風を確立した芭蕉。門人も増え、“俳聖”と呼ばれるまでに。ついに成功を手中に。

体力と気力の限界を超えて活動した伊能忠敬に学ぶ力の出し方

伊能忠敬（1745－1818）江戸時代の商人。50歳で引退し、測量の世界へ。全国を実測した、初の日本地図を作成。精度が高く、世界からも評価された。享年、74。

■第二の人生で歴史に残る大事業を成し遂げる

日本ではじめて、実際に測量して全国地図を作成した伊能忠敬《いのうただたか》。これがどれだけ大変なことか、想像できますか？

江戸時代、日本人はせいぜい富士山や松の木が描かれた絵地図しか持っていませんでした。データをイチから集めるためには、海岸線を実際に自分で歩くしかありません。

しかし、測量技術もゼロに等しい。その条件で日本全国の地図を作れ、と言われたら、あなたならどうしますか？

忠敬は、それをやり遂げた人なのです。しかも数学や天文を習い始めたのは、50歳を過ぎてから。やろうと思えば何歳からでも、何でもできるということを、彼は雄弁に語っています。

■忠敬の精神

忠敬が50歳を過ぎて、歴史に残る大事業を成し遂げた理由は〝貪欲だったから〟です。すべてに対して、「まあ、こんなもんでいいか」と思わず、やる以上はトコトンこだわり、納得するまでやり抜きました。

それは、彼が18歳で名主の家に婿入りした時から、発揮された精神でした。元来、空を眺めたり、星の位置を計測することが好きだった忠敬ですが、養子に選ばれたのは、収入減で傾いていた伊能家の、再建を期待されたからでした。

彼は期待に応えるべく、趣味の天文を一旦、脇に置き、名主としての仕事に全力投球します。

手始めに、伊能家代々の記録を丹念に読み、村に起こる水害や悪天候の傾向を分析しました。そのうえで、決壊しにくい堤防や、水流を避ける家の位置を、計算と測量によって割り出します。

天明の大飢饉も、前年から予測して大量に米を買い付けていた忠敬の、治める村では餓死者がゼロ。

本業を全うして、50歳の忠敬は隠居します。

そこから、第二の人生をスタートさせました。江戸へ行き、翌年から幕府天文方の、19歳も年下の数学者・高橋至時《よしとき》に弟子入りしたのです。

■人生を逆算で考えると必要な準備がわかる

51歳から本格的に天文学を学んだ忠敬でしたが、天体位置の計算は誰よりも優れていました。名主時代に天候のチェックや、測量の実務経験を積んだ経験が活きたのです。

そんな忠敬に、師匠は「精密な日本地図の作成」という幕命を託します。自らの年齢を考え、悩んだ末、忠敬はこの難事を引き受けました。

とはいえ、作業は困難を極めます。まず、測量の道具から作らねばなりません。忠敬は、転がして距離が測れる車のような道具を開発しました。さらに歩測のため、一定の歩幅で歩けるように、1年かけて練習したのです。

最初の測量場所の蝦夷地に向かったのは、56歳のときでした。さらに東北、北陸などブロック別に日本中を回り、足かけ17年で4万3000キロの測量をやり抜いたのです。

それから約46年後のパリ万国博覧会（1867年）に、彼の「大日本沿海輿地全図《だいにほんえんかいよちぜんず》」をもとにした地図が出品され、世界中から高い評価を受けました。

いまや日本人の平均寿命は、80歳を超えました。退職後、残り数十年の人生が待っています。長寿が当たり前の時代には、忠敬の2度生きる人生がお手本になるはず。

後半生を充実させるためには、前半生から準備が必要になることも、今から意識しておいたほうがいいように思います。

1度目の人生

1783	1762	1745
39歳	18歳	1歳

上総国の網元の家に生まれる

上総《かずさ》国（現・千葉県中部）で、漁師たちを束ねる網元を務める家に生まれる。ただし、次男なので家督を継ぐことはできない。

佐原村の名主、伊能家に婿入りし跡を継ぐ

18歳のとき、同じ上総国の佐原村の名主、伊能家に婿入り。しかし、伊能家の家運は傾いていていてマイナスからのスタートに……。

浅間山が大噴火！天明の大飢饉で米が不作に

悪天候が続き、農作物の収穫が減る中、長野と群馬の境の浅間山が大噴火。火山灰で東日本は大ダメージを受け、大飢饉発生。

傾いていた伊能家を再建！ライバルの名主と肩を並べる

佐原村は度重なる利根川の氾濫で、農作物や家屋に大きな被害を受けていた。名主として四苦八苦する伊能家に婿入りした忠敬。データを収集し、分析する理系の頭脳が活きる。先祖が残した代々の記録から、水害の時期や規模を把握し、対処に努め、見事に伊能家を再建。

関西から米を取り寄せ村民を救い、さらに米を売って儲けた

天明の大飢饉の前年、天文に詳しい忠敬は、豊作の関西から米を購入して備えた。翌年、予測通りに不作になると、米を配って村民を救済。余った米は江戸に売って、儲けも手に。各地で多くの餓死者が出る中、佐原村はゼロ。その功績を認められ、苗字帯刀が許された。

▶ 人生を2度生きた男・伊能忠敬

2度目の人生

1794　50歳

当主を50歳で隠居。江戸に行き第2の人生をスタート

伊能家を再建し、後継者を育成した忠敬は、50歳で引退。江戸に出て、日本一の数学者に師事し、念願の天文の世界に没頭する。

1800　56歳

幕府から蝦夷地測量を命じられる。いざ難事業へ

外国の脅威があり、幕府は日本全土の海岸線を把握しようと、まず蝦夷地測量の命を下す。その難事を引き受けたのは忠敬。

1818　74歳

測量は終了！ 没後3年で地図は完成

足かけ17年かけて日本全国を歩き、測量は終了。忠敬は病気で力尽きる……。地図は弟子達に引き継がれ、彼の没後3年で完成。

天文の師匠に弟子入り。師匠も断った地図作成を引き受ける

当時"日本一の数学者"といわれた高橋作左衛門至時に、51歳で弟子入り。天文学の基礎となる「平面三角法」などの高等数学を学ぶ。そこへ「精密な日本全土の地図を作成せよ」と幕命が下った。事業の困難さに、病弱の至時は断り、測量の才能抜群だった忠敬を推薦した。

測量中、幕府や藩から命を狙われるも、やり遂げた

幕命とはいえ、領土を測量されるのを嫌う大名がいる。また幕府内にさえ、精密な地図作成への反対派もいた。測量の作業自体が過酷なうえ、抵抗勢力から命まで狙われた忠敬。それでも、日本地図を作ることの意義を信じて、彼は足かけ17年かけて、この事業に打ち込む。

自分の〝軸〟で考え、ブレずに動いた大岡忠相の真骨頂

大岡忠相（1677－1751）旗本から町奉行、寺社奉行、さらには大名にまで出世。徳川吉宗の、享保の改革を支えた立役者。『大岡越前』のドラマで、おなじみの人物。享年、75。

■優れた行政官としての大岡忠相

正義の町奉行、大岡越前守《えちぜんのかみ》（諱は忠相《ただすけ》）を知らない人はいませんよね。とはいえ「三方一両損」や「縛られ地蔵」などの〝大岡裁き〟を、ここでは紹介するつもりはありません。これらのエピソードは、後世に創られたウソです。

史実の大岡は、いわば優れた行政官でした。財政難から大きく傾いた幕藩体制を再建しようとする、8代将軍の徳川吉宗《よしむね》。その享保の改革を実務レベルで支えたのが、大岡でした。彼の出世を妬み、足を引っ張ろうとする者も現れます。でも、そんな空気をいちいち読まず、徹底して上司・吉宗のため、庶民のために励んだ大岡

の姿には、学ぶものが多いでしょう。

「打首獄門を申し付ける！」。

お白洲で大岡越前が裁きを下す場面は、時代劇ドラマの見せ場です。でも、悪人を罰するのは、町奉行という仕事のほんの一部に過ぎません。

司法・警察関連の職務ばかりが注目される昨今ですが、町奉行は江戸の民政全般を担当していました。現代でいえば、都知事も兼ねた役割といえます。

いわゆる〝大岡裁き〟はフィクションですが、大岡越前が庶民に慕われ、人気があったのは事実。その理由は、彼が江戸の町を守る優れた行政官だったからでした。

まず有名なのが防災、町火消しの〝いろは四十七組〟（のち四十八組）を設置します。火事の多い江戸ですが、それまでは武家の火消ししかいませんでした。江戸城と武家屋敷の無事が最優先なので、延焼が広がるのを防ごうと、庶民の家はガンガン壊される始末。でも、町火消しの誕生で、庶民の財産はずいぶん守られるようになりました。

また飢饉に備えて、サツマイモの栽培も手がけています。さらに福祉にも力を入れました。貧しい人でも無料で診てもらえる、小石川養生所《こいしかわようじょうしょ》を設立しています。

大岡がきちんと江戸の庶民と治安を守ったおかげで、将軍吉宗は経済政策に集中することができました。

■他人の目なんて気にしない！

もちろん、享保の改革のアイデアを出したのは吉宗や幕閣の人々。しかし、それを実務に落としこんで遂行したのは、大岡です。

逆風も感じたことでしょう。官僚は昔も今も、前例主義。ましてや当時は、江戸初期に決めたことを変えるのは、〝東照神君《とうしょうしんくん》〟（徳川家康）に背く、と責められた時代です。でも、大岡は愚直なまでに取り組みます。同僚から嫌味を言われても、部下に煙たがられても気にしません。

20年間、町奉行を務めた大岡は、寺社奉行に昇格し、最終的には大名にまで上り詰めました。その栄光は語り継がれ、立身出世を望む旗本たちの憧れの存在ともなります。

他人の目を気にし過ぎる、線の細い現代人は、大岡越前の何があっても揺るがない信念にこそ、「生きる力」を学ぶべきでしょう。では、これにて一件落着——。

▶ 大岡忠相が徳川吉宗の目にとまるまで

誕 生

1700石の旗本の家に4男として生まれる

大岡が生まれたのは、1700石の旗本の家。しかし、4男で家を継ぐ可能性が低く、同じ大岡の一族で子のいない家に、養子へと出される。ちなみに吉宗も、紀州徳川家の4男だった……。

↓

優秀な人材は養子にもらわれる

養子に出されると聞くとネガティブなイメージがあるかもしれないが、じつは喜ばしいこと。優秀と認められた証であり、家を継ぐ資格も得る。

伊勢奉行へ

御三家・紀州徳川家にも遠慮しない裁きぶり

天領の伊勢で、奉行になった大岡。以前から隣国の紀州藩と、境界線で揉めていた。前任者は御三家とのトラブルを恐れて弱腰だったが、大岡は正論で紀州藩の言い分を毅然と却下。

↓

紀州藩主吉宗の目にとまり、出世街道へ

相手が誰であれ、正しいことを主張する大岡の姿勢に、当時の紀州藩主だった吉宗は感心。咎めなかったばかりか、その名前を強く胸に刻んだ。

▶ 徳川吉宗が信頼した大岡忠相の仕事ぶり

1万石の大名へ

寺社奉行に出世。町奉行出身として初めての大名へ

町奉行を20年務めた後、格上の寺社奉行へ昇進。さらに武家を取り仕切る奏者番を経て、ついに大名と呼ばれる資格である1万石の領地を手にする。町奉行出身者としては、史上初。

江戸町奉行へ

41歳で就任。将軍・吉宗の享保の改革を右腕として支える

8代将軍となった吉宗は旧来の閣僚を一掃。傾いた財政を立て直す享保の改革を推し進めるため、能力のある人間を次々と登用。本来60代が就く町奉行に、41歳の大岡を抜擢。

成果1　町火消しをつくる
武家の火消しだけで、ないがしろにしていた庶民のための町火消しを新設。派手な半被も目立って、江戸の名物になる。

成果2　小石川に療養所を設置
医療を受けられず、風邪でも死んでしまう庶民。そんな貧しい人々のために、無料の公営医療施設の小石川養生所を設立。

成果3　株仲間などを認める
物価の上昇を抑えるため、商人同士の組合“株仲間”を認めた。独占販売権を与える代わりに物価を一定にさせようと努力する。

在職20年！庶民に慕われた奉行

防災や福祉を充実させ、合法だった拷問も控えめにするなど、庶民が喜ぶ施政をした大岡。異例の20年という長期の在職も、その人気の証し。

なぜ坂本龍馬だけが自分の「土俵」で勝負できたのか

坂本龍馬（1835－1867）幕末の志士。土佐藩出身の郷士で、日本で初めてといわれるカンパニー「亀山社中」の創設者。薩長同盟の成立に関わるが、33歳で暗殺される。

■「武士」の価値観では生きられなかった男

坂本龍馬《りょうま》は、誰もが成しえなかった偉業を成し遂げた人物です。

しかし、その原動力はドラマなどで描かれる人懐っこい性格や、運の良さではありません。彼は当時の最先端の知識と情報を手に入れ、戦略的に時代のキーマンにアプローチしていきました。だからこそ、西郷隆盛や勝海舟などの大物たちを動かせました。龍馬の生き方から、成功のヒントを紹介しましょう。

幼少の頃の龍馬は泣き虫でした。母親と姉という愛情を注いでくれる存在を、相次いで失ったことが影響したのでしょう。しかも彼は、郷士という下級武士の生まれ。同じ武士なのに、父や兄が路上で上士に頭を下げる姿を見るのは、辛かったと思います。

その影響もあったのか、龍馬（藩士）が学んだのは、いまでいう数学や商学など、実際の生活に役立つ実学でした。当時、武士が身につけるべきは、論語や儒学などの教養でした。しかし龍馬は、その武士の価値観で生きることを選びませんでした。

「アメリカでは、初代大統領ワシントンの子孫のことは誰も知らない」

龍馬が感動したという言葉です。アメリカの大統領は選挙で変わるから、初代大統領の子孫も特別な存在ではない。彼は日本も、生まれた時の身分ですべてが決まる社会から、実力で評価される世の中へ変えたい、と心底、思ったことでしょう。

■「人脈」だけでは大成できなかった

小説やドラマなどでは、龍馬が若い頃、剣術修行に励んだ、と一般に描かれていますが、彼が十代後半に熱心に学んだのは砲術でした。西洋流砲術の大家・佐久間象山《しょうざん》（ぞうざん、とも）の私塾に19歳で入門した記録が現存しています。西洋流砲術を学ぶには、オランダ語や算数の知識が必要です。それらを学ぶことで龍馬は、

▶ 坂本龍馬流・立身出世術とは？

土佐の下級武士　坂本龍馬

ペリーが黒船で来航！

土佐の下級武士という、当時においては、まったく将来性のない身分にいた龍馬。このままでは一生埋もれてしまうところだったが、ペリーが黒船で来航したことにより、上京。ここから、龍馬の快進撃が始まる。

▼ 弟子入り

砲術の大家　佐久間象山

学問を身につけるとともに強力な人脈もできる

佐久間象山は、西洋流砲術の大家。龍馬は象山の私塾に弟子入りし、砲術や蘭学を学んだ。象山の砲術の師匠は、伊豆の代官・江川太郎左衛門。長州藩の桂小五郎の、剣術の師匠筋にもあたり、人脈ができる。

龍馬が学んだこと	・西洋流砲術 ・蘭語	つながりができた人	・勝海舟 ・桂小五郎

▼ 学友

幕府の切れ者　勝海舟

海舟と出会いチャンス拡大

佐久間象山の弟子には、のちに幕府を背負う勝海舟もいた。彼に見込まれた龍馬は、海舟が率いる神戸海軍操練所で学ぶことを許され、操船術などを会得。文字通り、大海原に打って出る知識と技術を身につけた。

龍馬が学んだこと	・航海術 ・蘭語	つながりができた人	・西郷隆盛 ・小松帯刀

▼ 学友

討幕のリーダー　西郷隆盛

のちの討幕のキーマンに見込まれ、会社設立

海舟の紹介で、ついに薩摩の大物・西郷隆盛にも出会う。幕府を倒し、新しい世界を作るため、“友人”の桂小五郎（長州）と西郷を引き合わせ、薩長同盟につなげた。西郷の援助で亀山社中を設立することもできた。

龍馬が実現したこと	・亀山社中を設立	つながりができた人	・大久保利通 ・後藤象二郎

着実に実力をつけていったのです。

龍馬はやがて脱藩し、いまでいう〝フリーター〟になります。そのうえで幕藩の要人を動かして、日本を変えていきます。現代の感覚では、ありえないことでしょうか？

龍馬は、長州の桂小五郎（木戸孝允）や幕府の勝海舟などに信頼され、薩長同盟や大政奉還などを手伝います。なぜ、彼にそれらができたのでしょうか。

彼らはすべて、龍馬の「学友」でした。佐久間象山の弟子であり、義兄弟でもあった勝海舟と、塾が縁で知り合い、その流れで神戸海軍操練所での海軍実務の取得が可能となり、人脈はやがて桂との出会いを実現。同様に、勝の紹介で西郷隆盛と知り合う。彼らは龍馬の藩を飛び越えた自由な発想と、語学力や数学的素養、世界情勢の分析などに驚き、感心したことでしょう。

龍馬は、単なる人たらしではなく、相手が知りたい知識や発想をたくさん持っていました。努力を惜しまずに全力で、三十三年の人生を生き切ったその姿勢にこそ、読者は学ぶべきだと思います。

福沢諭吉が教える「学ぶこと」の本当の意味

福沢諭吉（1834－1901）明治時代の思想家・教育家。語学に長け、欧米を見聞した。慶應義塾の創立者。著書『学問のすゝめ』がベストセラーになった。享年、68。

■這い上がるためには、「学問」しかなかった

福沢諭吉《ゆきち》といえば、1万円札の肖像画の人物。そして有名な、「天は人の上に人を造らず。人の下に人を造らず」の言葉を残しています。

では、この言葉をみなさんはどう受け取っていますか？　人間は本来、平等なものだと理解するだけなら、福沢のメッセージは半分しか伝わっていません。じつは、そのあとに貧富の差は「学ぶと学ばざるとによって出来るものなり」と続きます。

福沢自身、新知識をどんどん取り入れて、下層階級から出世していきました。

福沢が身を立てるために、最初に学んだ新知識はオランダ語でした。

下級藩士の次男として育った彼は、上級藩士の子どもと対等に接せられず、悔しい思いをしてきました。生まれた瞬間に、上下関係が決まる身分制度に疑問を抱いていたのです。

そんな福沢が、身分制度から抜け出す手段としたのが学問でした。全国の秀才が集まる大坂の適塾《てきじゅく》（正式名称は「適々斎塾《てきてきさいじゅく》」）に入塾します。そこではオランダ語や医学、兵学と最新の学問を身につけられる。しかも、成績順で寝る場所が決まる徹底した実力主義。ここでは、身分は何の意味もありませんでした。

福沢は学問に打ち込みます。徹夜で勉強し、眠くなったら朝風呂で眠気覚まし、朝食をとって、また勉強へ。その努力が実り、24歳で適塾の塾頭になりました。

藩から評価された福沢は、江戸で蘭学塾を開講。ようやく学問で出世できると思った矢先、彼は遊びに行った横浜で大きな挫折を味わいます。

外国人街の看板や商品説明が、英語表記であったため、まるで読めません。あれだけ苦労して身につけたオランダ語は、世界の共通語ではなかった……。

一度は落ち込んだ福沢ですが、すぐに英語の勉強に取り組みます。オランダ語ができたのだから、英語もできるはずだ、と彼は執念を燃やしました。

福沢のすごいところは、身につけた新知識を実践の中で活かそう、と行動したところです。

たとえば、幕府がアメリカに使節を送ると聞くと、福沢は自分も同行したい、と遣米使節随行艦の咸臨丸《かんりんまる》の提督である木村摂津守（諱は喜毅《よしたけ》）に直談判。その結果、幕臣ではないのに提督の従者として、渡米を許されます。あるいは、その後、欧米を実際に見て回った内容を、『西洋事情』という著書にして、日本の人々に紹介しました。そして、慶應義塾を設立。

福沢自身は、明治政府に仕官することはありませんでしたが、政府や企業に次々と、新しい教育を施した弟子たちを送り込み、明治日本の躍進に貢献しました。電力王の松永安左エ門や、三井財閥の中興の祖・中上川彦次郎《なかみがわひこじろう》は福沢の愛弟子《まなでし》です。

漫然と仕事をしているだけでは、いつか時勢に取り残されるかもしれません。

一方、積極的に新しい知識や教養を身につければ、いつかそれらが求められて、新たな道が開けるかも。自分の知識や知恵で、自由に独立して生きたいのであれば、まずはその準備をしておかなければなりませんね。

1835

1歳

中津藩の下級藩士の次男として生まれる

中津藩（現・大分県）の、下級藩士の次男だった諭吉。上級藩士の子弟とは言葉遣いや待遇に上下関係があり、反発心が芽生えた。

1855

22歳

名塾・大坂の適塾で緒方洪庵に学ぶ

学業に秀でていた諭吉は蘭学者・緒方洪庵の適塾に入門。実力主義の教育の下、頭角を表し、24歳で塾頭を務めるほどに出世。

1858

24歳

江戸に出て自らの蘭学塾を設立する

洋学の重要性を知った中津藩は、諭吉を江戸に呼ぶ。蘭学塾の講師として藩士に講義。このときの塾が、のちの慶應義塾大学の基礎に。

新知識

わずか24歳で塾頭に！ オランダ語をマスター

諭吉が学んだ適塾は、日本赤十字社の創始者・佐野常民、近代医療・福祉の父と呼ばれた長与専斎など、多数の逸材が在籍。徹底した実力主義で、毎月テストの成績順で生活環境に差をつけたほど。共同生活で、1人1畳が生活スペース。成績が悪いと、人が出入りする2階の、部屋の入口近くが割り当てられた。

新知識

横浜見物に！ オランダ語はもはや古いと悟り英語を猛勉強

適塾トップのプライドを持って江戸に出た諭吉は、ある日の横浜見物で自信喪失。なんと看板や店の文字が、英語ばかりで読めない。身につけたオランダ語が世界標準ではないことを知り、初めての挫折。しかし、すぐ気持ちを切り替えて、英語の習得に集中した。そして読み書きに不自由ないほどに上達する。

▶ 福沢諭吉はつねに「新知識」を求めた！

1860　27歳

従者としてアメリカへの使節に同行する

幕府がアメリカに使節を派遣すると聞いた諭吉は、咸臨丸提督の木村摂津守に直訴。情熱と語学力を買われて、同行を許される。

1861　28歳

翻訳方としてヨーロッパに派遣される

アメリカから帰国後、幕府の翻訳方として取り立てられる。そのため、ヨーロッパへの使節団に選抜され、先進国事情を見聞。

1868　35歳

慶應義塾を設立。教育活動に専念する

欧米と日本の差を知った諭吉は、若者への教育の必要性を痛感。蘭学塾を慶應義塾と改め、以後、総合的な学問を普及させていく。

新知識

アメリカでは出世に身分は関係ないと知り衝撃

渡米した諭吉が、「初代大統領のワシントンの子孫はどうしていますか」と質問しても、答えられるアメリカ人はいなかった。日本なら「徳川家康の子孫」を知らないのと同じだ、と衝撃を受けた。そして、どんな職業の子供に生まれても、大統領になれる民主主義の社会こそ、自分の理想と胸に刻んだ。

新知識

文明を知り、日本にも洋学が必要と痛感。『西洋事情』を記す

欧米の諸国を知った諭吉は、日本と世界の文明の差に驚く。法の下に、誰でもが平等に政治に参加することができ、街では蒸気機関、電信機、ガス燈などが動いている。早く日本も取り入れるべきだ、と教育に力を入れる。また、自分が見聞した近代的な制度や技術を、『西洋事情』という著書で数多く紹介した。

土壇場に強かった大久保利通の「胆力」の秘密

大久保利通（1830－1878）薩摩藩士で討幕、明治新政府樹立の立役者。内務省を創設し、内務卿として、日本を封建制から合理主義の近代国家へ大きく転換した。享年、49。

■お家騒動に巻き込まれ罪人に……

大久保利通《としみち》は西郷隆盛、木戸孝允と並ぶ〝維新の三傑〟のひとり。なのに、なぜかあまりイメージがよくない人物です。

実際、彼の地元の鹿児島県民さえ、西郷は「西郷さん」と敬うのに、大久保は呼び捨てだったりすることも――。西郷の影に隠れて、最後にいいとこ取りをした、そういう思い込みをしている人も多いのではないでしょうか。

筆者に言わせていただくならば、とんでもない誤解です。大久保は日本の近代化の基礎を固めた人物です。土壇場に強く、何度も難局を乗り越えた末、生き残っています。西郷とは違った、カリスマ性の持ち主なのです。

大久保が土壇場に強い理由は、胆力があることと、つねに〝次善の策〟を周到に用意していたからです。

そもそも彼は、腕っ節が強いわけではなく、学問に特別秀でてもいませんでした。薩摩の下級藩士の長男として生まれ、なんのバックボーンもない境遇で育っています。しかし21歳のときに、その胆力が試される事件が起きました。

お家騒動に巻き込まれた父親が島流しにあい、自らも謹慎処分。罪人の大久保家は、村八分の憂きめにあいます。大久保は理不尽さに、腸が煮えくり返ります。

でも、ある日、気がつきました。嘆くばかりで気力体力を消耗させるよりは、開き直って寝ていよう、と――。

薩摩の気風は、勇敢さを尊びます。罪人の大久保家を見かねて、近所に住む西郷隆盛が、大久保に救いの手を差し伸べてくれました。

やがて、討幕派の中核となる2人。ところが、いよいよ幕府と直接対決という鳥羽・伏見の戦いで、京都の公家たちが怯え始めます。265年も日本を支配してきた幕府軍に、数で劣る薩長軍が勝てるわけがない、と騒ぎ出しました。

京都に駐留していた大久保は、この時どうしたか？　昼寝をしています。彼にはすでに、次善の策がありました。京都で負ければ長州へ、それでもダメなら薩摩へ。さらには、英国まで天皇を連れて、逃げながら戦えばいい。そう考えていた大久保は、戦場からの西郷の勝利を信じて、待っていればよかったのです。その胆力が、見事に朝廷を沈静化させました。

■理想の上司は西郷より大久保がふさわしい

よく理想の上司として西郷の名が上がりますが、筆者はむしろ大久保こそ、ふさわしいと思いますね。

たしかに西郷は、多くの人間から慕われました。でも、実際に藩の垣根を越えて多彩な人材を使いこなしたのは、大久保のほうです。

彼の下には、板垣退助《いたがきたいすけ》（土佐藩）、伊藤博文（長州藩）、大隈重信《おおくましげのぶ》（佐賀藩）などが集まりました。もちろん薩摩藩の人間もいたし、〝日本郵政の父〟といわれた前島密は元幕臣です。

相手の出自にはこだわらない。優秀な人間は、能力に応じて登用する。実務は完全に任せ、責任は自分が取る。部下としては、大久保は実に仕え甲斐のある上司でした。

そのうえ、彼には威厳があり、歴戦の志士たちが大久保の前では、無言で直立不動となりました。〝人斬り半次郎〟と恐れられた桐野利秋《きりのとしあき》でさえ、大久保に意見を述べるおりは、焼酎を一杯引っ掛けていかないと無理だ、とこぼしていたほどなのです。

それが大久保の胆力でした。言動に私利私欲がない。日本を近代化するために命をかけているから、発言に筋が通っており、自らを省みて恐れるものがありません。

皆さんも、自分の仕事に腹をくくって取り組んでみては、いかがですか？　無私の態度が伝われば、人望と成功が、かならず手に入るはずです。

1830

1歳

下級藩士の家に長男として生まれる

薩摩藩の下級藩士の家に長男として生まれる。胃が弱く、痩せていた。20歳のころには、藩の記録所で庶務の仕事についていた。

1850

21歳

お由羅騒動に巻き込まれ謹慎。極貧生活に

藩主の後継をめぐるお家騒動に巻き込まれ、父は遠島。自らも謹慎。大久保家は収入が途絶え、極貧に追い込まれる。

権力者・久光に近づくため、彼の趣味である囲碁を習う

藩主が代わり、西郷は島流し。大久保は出世の芽を摘まれた。そこで藩主の父で権力者の島津久光に近づく。直接、会えないので、久光の碁敵の住職に囲碁を習い、対局しながら久光の話を聞き、彼が本を探していると聞けば届け、「大久保という気の利いたヤツがいる」との印象を作っていった。

1868

39歳

討幕へ。しかし、鳥羽・伏見の戦いで劣勢に

薩長同盟から始まった討幕運動は、ついに鳥羽伏見で直接対決へ。しかし、序盤は数で勝る幕府軍に押され、劣勢が伝わる。

逃げ腰の公家の前で昼寝。負けたら英国に逃げればいい

265年も支配者だった幕府に、いざ開戦となると朝廷はビビった。鳥羽・伏見の劣勢が伝えられ、逃げる準備をする公家も。そんな中でも大久保は、悠々と昼寝。その態度が朝廷の混乱を鎮める効果に。もし京都で負けても、天皇を長州、薩摩、英国までも連れて逃げる策を秘めていたので、彼は落ち着いていた。

▶大久保利通は土壇場に強かった

1871　42歳

欧州へ外遊。フランスの文明の高さに打ちのめされる

外遊先で、夜間に無人の場所でも街灯が灯り続けることに、大いなる衝撃を受ける。国を発展させるには技術以外に思想も必要と悟る。

1874　45歳

佐賀の乱など不平士族が各地で反乱をおこす

四民平等、廃刀令など武士の特権を奪う政策に、士族の不満は爆発。各地で新政府に対する反乱が起き、政府軍と対決。

1878　49歳

明治天皇への謁見に向かう途中、不平士族に暗殺される

明治天皇に謁見するため、馬車で移動中、千代田区の紀尾井坂で、石川県および島根県の不平士族の襲撃を受け、暗殺された。

そのフランスをドイツが破ったと知るや、すべてドイツ流に

近代国家フランスの、文明の高さに打ちのめされた大久保。だが鉄血宰相ビスマルクが「遅れた小国のドイツだって、フランスに戦争で勝った。殖産興業と富国強兵をやれば、日本も追いつける」とアドバイスをされる。帰国後、大久保は教育制度や軍隊をドイツ式に変える。本人はヒゲまで、ビスマルクをマネた。

弱い所から潰していく。強い敵には元会津藩士をあてる

佐賀の乱など士族叛乱を各個撃破。だが、元薩摩藩士を中心に1万3000が蜂起した西南戦争に手を焼く。率いるのは西郷隆盛。農民を徴兵した政府軍では鎮圧できない。そこで大久保は、元会津藩士を集めて精強な部隊を編成。幕末の薩摩への恨みを抱く彼らに、最新兵器を持たせ、西南戦争を制した。

度胸ひとつでのし上がった大倉喜八郎の「突破力」とは？

大倉喜八郎（1837－1928）大倉財閥の創始者。幕末に鉄砲店を開業し、政府の御用商に。帝国ホテルやのちの東京経済大学も設立。多くの事業、教育に力を注いだ人物。享年、92。

■動乱の時代の身の処し方

大倉喜八郎《きはちろう》は幕末から明治・大正期に活躍し、大倉財閥を一代で創業した人物。現在も残る帝国ホテルや東京経済大学の、前身をも設立した人でもあります。

そんな大倉のなにがすごいかといえば、〝度胸〟です。人脈も、学歴も、元手もない人でも、自分の体を張ることはできます。大倉は、その典型的な人物でした。

江戸に出てきて鰹節屋に丁稚奉公《でっちぼうこう》して、自分でも店を始めますが、これは小商いだと気づく大倉。このままでは、うだつが上がらない。

世の中は、幕末の動乱期。自分も体を張れば、人生を変えられるかもしれない、と彼は前に出る決断をします。

〝元手は度胸〟の大倉の成功は、鉄砲商人となったことから始まりました。不穏な幕末――。鉄砲を欲しがる勢力は多いのに、大手の武器商人たちは、こぞって店じまい……。治安が悪化し、武器の代金を回収できる保証がなかったからです。大倉はその状況を、むしろ参入のチャンスと考えました。

在庫ゼロなのに、看板には「鉄砲商」。お客が来たら、手付金をもらって、その足で横浜の外国商館まで仕入れに走ります。道中には、昼でも追いはぎの出る小《こ》塚《づか》原《っぱら》刑場があります。そこを大倉は、鉄砲を構えながら、駕籠で急ぎました。

まさに命がけ。これをくり返して財を成したのです。ところが大倉は、大金を手にしても、度胸ひとつで信頼を獲得するという、このやり方を変えませんでした。

東北で官軍と旧幕府軍が戦争している最中、青森の津軽藩（弘前藩）から武器の注文が届きました。津軽まで運んで来てほしい、と。しかし、途中の諸藩は、ほとんどが敵地です。しかも支払いを米でするので、米俵を運び出して帰ってほしい、というのです。リスクが大きすぎます。当然、皆が止めましたが、大倉はチャーターした汽船に、自ら乗り込みます。彼の信念は「人の嫌がることに商機あり」――。

高い利益を得るには、ハイリスクは当たり前。ドイツ籍の船に乗り込み、中立を装って、無事に津軽藩へ武器弾薬を届けました。途中で一度、敵側の臨検を受けますが、大倉はこの時、船底で悠々と握り飯を食べていたそうです。

迷えば、チャンスは逃げていく。

ただし、いくら度胸が大事だからといっても、丁半博奕《ばくち》の運試し感覚で、勝負をつづけるのは危《あや》ういかぎりです。大倉も、やみくもに突っ走ったわけではありませんでした。

ふつうの実業家が、勝算60％で勝負に出るとすれば、銀行家は80％ぐらい。大倉は55％でいける、と思えば勝負しただけの違いです。

歴史を研究すればするほど、筆者《わたし》は人それぞれの運の量は同じだ、と確信しています。違いは、それを摑めるかどうか。大倉のように前に出ていけば、摑む確率も高まります。

この世の中、100％大丈夫と保証されるものは、何処にもありません。

「なあに、敗けて失うのは命だけ」――大倉喜八郎のように思い定めて、度胸一つで決断する人の前には、道は開けるものなのかもしれませんね。

追いはぎをものともせず
鉄砲で大儲け!

世は幕末。鉄砲のニーズは高いが、治安が悪いのでマトモな商人は手を出さない。あえて大倉は、鉄砲商を開業。追いはぎの出るルートも恐れずに、毎晩、横浜の外国商館まで鉄砲の仕入れに走り、大儲けした。

度胸で突破！

名主の三男として
新潟に生まれる

名主の子として生まれたが、父母が同時に他界。18歳で江戸へ出て、鰹節屋に勤める。当初の所持金は現在のお金にすると 50 万円……。

カネなしコネなしでスタート！

▶ 度胸で一点突破した大倉喜八郎②

大成功！

晩年は寄付活動も

晩年の大倉は教育事業や公共事業に大きく貢献。日本初の私立美術館や大倉商業学校（現・東京経済大学）も創設。惜しみなく財産を注ぎ込んだ。

度胸で突破！

度胸で突破！

単身、ヨーロッパへ！大久保や伊藤に目をかけられる

明治維新が一段落すると、大倉はヨーロッパへ渡る。目的は、次の商売のタネ探し。自費での海外渡航など、誰もやらない時代。使節団として訪れていた大久保利通や伊藤博文らに感心され、帰国後も関係が続く。

ドイツ船をチャーターして敵の包囲網を突破！

津軽藩から武器の発注を受けるが、江戸から津軽までは、ほとんどが敵地。周囲の制止も聞かず、大倉はドイツの汽船をチャーター。甲板上をすべて外国船員にして、無事に武器を届ける。

5
「逆転」の章

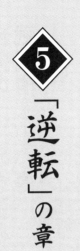

自分の「弱さ」を強みに変えた武田信玄の心得

武田信玄（1521－1573）甲斐国の戦国武将。風林火山の旗を掲げ、騎馬隊戦法で〝最強〟と恐れられた。上杉謙信との川中島の戦いは有名。上洛戦の途中で病没する。享年、53。

■戦国最強と言われた武将の意外な若年時代

武田信玄（諱は晴信《はるのぶ》）を知らない人は、いないでしょう。戦国時代に〝最強〟といわれ、あの織田信長でさえ、直接対決を避けつづけた武将です。徳川家康が立ち居振る舞いや、合戦の仕方についてまでも、お手本にした人物でもあります。

それゆえに、江戸時代に信玄は美化され、後世に実像が伝わっていない部分が多いのですが、じつは彼は、合戦に〝弱かった〟過去を持っていました。父や弟・信繁《のぶしげ》へのコンプレックスから、若い時には放蕩に明け暮れた時期もあったのです。

でも、その弱さを強みに変えた信玄の生き方には、ビジネスマンが学ぶべきヒン

▶ 武田信玄はコンプレックスの塊だった

父・信虎

戦上手で戦国の中でも5本の指に入る強さ

乱世になり、室町時代からの守護大名のほとんどが没落する中、甲斐の国主を守りぬいた信虎。戦上手のため、信玄の弱さばかりが目につく。そこで跡取りは、実力も人望もある信繁に継がせよう、と考えていた。

失望 — 廃嫡するつもり →

長男・信玄

どうせ俺なんか…毎日酒浸り

自分は頼りにされていない。武田家は弟が継げばいい。完全にフテ腐れた信玄は、武芸に励まず歌を詠み、毎晩のように女性と酒浸り。起きるのはお昼ちかく。老臣たちに諫められるほど、目に余る堕落の日々を送る。

信頼 — 跡取りにするつもり →

弟・信繁

文武両道の人格者。兄・信玄を助ける

文武両道で兄・信玄を上回る4歳年下の弟。女や酒に溺れるような生活もせず、実直で家臣の信頼も厚い。しかし、兄弟で骨肉の争いはせず、信玄が当主になったあとは、新政権を支える影のナンバー2に徹した。

トが数多く隠されています。

まず武田家の長男として生まれた信玄ですが、文武の成績は中の下ぐらい。戦国武将屈指の強さを誇っていた父・信虎《のぶとら》から見れば、軟弱で不甲斐ない息子でした。

そのうえ4歳下の実弟・信繁は、文武ともに優秀で、人間的にも頼りになる若者でした。武田家の家臣・真田昌幸などは、自分の次男にたってと、「信繁」の名前を戴いたほどでした。

コンプレックスを抱いた信玄は、自暴自棄になります。連日連夜、酒を飲んでは、朝までバカ騒ぎ……。見切りをつけた信虎は、信玄を廃嫡して、信繁に継がせることを決めました。

ところが、当時の武田家は、甲斐国（現・山梨県）の支配者とはいいがたく、20以上の豪族たちの、〝盟主〟のような存在でした。豪族たちは、強いがゆえに合戦をくり返す信虎に、大きな不満と不安を抱いていました。しかも、自分の力を自負している信虎は、配下の豪族たちにはロクに戦利品も分け与えません。

結局、団結した豪族たちによって、信虎は国外に追放されます。一般には、信玄が首謀者として描かれがちですが、真相は逆です。豪族連中からすれば、〝弱いバ

▶ 武田信玄は「弱さ」を活かして敵を倒した

法則1 家臣に気を遣う

甲斐国を治めるための刑法、民法などをまとめた「甲州法度之次第」には、「この法律を信玄自身も守ると約束する」という一文がある。自分が決して絶対的な領主ではないことを強調し、家臣へ気配りしている。信玄のやり方を学んだ家康も、年長の家臣は呼び捨てにしなかった。

法則2 諜報で戦う前に勝つ

まず攻める国の情報を徹底的に収集。諸国を旅する僧、牢人、芸人に至るまで直接、会って内情をリサーチ。その結果、敵陣営のキーマンを選別。もっとも有能な武将に、裏切りを持ちかける。応じてもらうのがベストだが、断られれば「もう武田家に寝返った」と、デマを敵国に流す。

法則3 「強い」と相手に思い込ませる作戦

裏切りやデマで事前に内部崩壊した敵陣営は、全力で戦える状態ではない。その隙を突くのが、有名な武田の騎馬隊。なかでも鎧兜や武具まで赤一色の軍団＝親衛隊は、敵を一気に蹴散らして圧勝する。その武勇が知れ渡ると、騎馬隊や赤備えの部隊が出てきただけで、敵陣は総崩れに……。

カ殿〟であるからこそ信玄が神輿《みこし》として軽く、担ぎやすかったのです。
しかし、ただ担がれているだけでは、命さえ危ない。信玄は必死で、自らの生き残りを考えました。

■弱みを強みに変える発想

その手始めに行ったのが、有名な〝信玄堤〟です。これは、河川の氾濫に悩む豪族たちを喜ばせました。さらに「甲州法度之次第《こうしゅうはっとのしだい》」で法律を定めますが、信玄は自分もそれを守ると記し、〝上から〟の命令という形をとりませんでした。

そして、信玄がもっとも工夫したのが合戦です。弱い戦国大名には、豪族たちも心からは従いません。信玄は〝情報〟と〝イメージ〟を活用しました。事前に徹底的に敵の情報を集めます。こいつは有能だとわかったら、裏切りを持ちかけ、断られても「ヤツはすでに寝返った」とデマを流して、相手方を混乱させる。

すでに内訌《ないこう》でボロボロの敵陣に、高速で突っ込み、勝負を決したのが武田の騎馬軍団でした。本来、合戦では馬の足を斬られやすいので、どの戦国大名も〝騎馬隊での単独攻撃〟という戦法は採用しなかったのですが、信玄はこれを使いました。

なぜ、可能であったのか。敵が弱体化しているからこそ、可能な戦い方でした。それがやがて、騎馬隊が戦場に現れただけで、敵は怯えて逃げ出すほどの、強力なイメージとなってしまったのです。

そうやって勝利を重ね、実績を積み、30代、40代の信玄はカリスマ性を帯びていきました。京に上洛する途中、残念ながら53歳で病《やまい》に倒れますが、敵だった家康が見習ったほどの生き方、戦法を残したのです。

みなさんも信玄のように、自分の弱みを強みに変える発想を持ちましょう。足りないところを嘆かずに、補う方法を考えるのです。

自分の非力さを知る信玄は、必勝の形ができるまで仕掛けませんでした。そして「五分《ごぶ》の勝ちで十分」との、謙虚さも忘れない。長く勝ち続けるには是非、信玄を見習いたいものです。

真田信繁はなぜ逆転の大勝負をしかけることができたのか

真田信繁（１５６７－１６１５）戦国時代の武将。関ヶ原の合戦後、紀州九度山に15年幽閉。大坂冬・夏の陣で豊臣方に加勢し、家康の本陣を急襲するが討死。享年、49。生年には異説あり。

■後世まで語り継がれる最期

真田信繁（俗称は幸村《ゆきむら》）は、２０１６年度のＮＨＫ大河ドラマ『真田丸』の主人公――もともと人気のある武将ですが、意外に彼が活躍した期間は短いものでした。歴史的に見れば、大坂冬の陣と夏の陣の1年足らず……。この合戦で、天下の徳川連合軍を相手に、獅子奮迅の働きをして散った、最期の見事さから、後世まで語り継がれることになるのです。

前半生は人質として過ごし、30代40代の男盛りを淋しい山中に監禁されていた信繁。しかし、不遇な時期を糧としたからこそ、彼は人生の後半に、逆転の大勝負を仕掛けることができました。

もともと信繁は、信濃（現・長野県）の真田家の次男として生まれています。周囲では上杉、武田、北条の大勢力が争い、小大名の真田は生き残るため、上杉と組みます。その際、10代半ばの信繁が人質として送られました。

ところが、すぐに豊臣家の傘下に入ったため、今度は秀吉のもとに人質に。真田が敵対関係になれば、真っ先に殺される人質生活を20歳過ぎまで続けたのが、信繁でした。でも、この時期はムダではありませんでした。

上杉家の直江兼続、豊臣秀吉、その配下の大谷吉継《おおたによしつぐ》などの名将たちと接したことで、彼らの生き方、戦略眼を学ぶことができたのです。

秀吉の死後、日本が石田三成と徳川家康に割れた際、信繁は父と共に三成の西軍につきます。天下を狙う家康には、味方しませんでした。

そして、徳川正規軍3万8千を信濃に足止めにし、関ヶ原の合戦に遅れさせるという、大殊勲の働きを果たしたのです。

ところが、西軍は敗北……。父の昌幸と共に信繁は、紀州（現・和歌山県と三重県の一部）の山中に幽閉されます。常人なら自分の人生はこのまま朽ち果てるだけ、と観念する状況ですが、信繁はあきらめません。人質生活で、耐えることは慣れています。

家康が豊臣家を滅ぼすためには、もう一戦あると読み、父・昌幸とともに逆転の策を練る日々を送ったのです。

■いつかは名を上げると前向きに生きる

関ヶ原から14年後、待ちわびたその日が訪れました。再び、徳川と豊臣の間で合戦の火ぶたが切られる雲行きです。

大坂方に招かれた信繁ですが、じつはそれほど期待されてはいませんでした。智将として天下に鳴り響いていたのは、彼の父・昌幸の方。昌幸はすでにこの世になく、息子・信繁への世間の評価は、それなりのものでしかありませんでした。

父と計画した必勝の策を、いくら信繁が提案しても、大坂方では採用されません。先手を取って攻めたくても、最初から籠城を決められてしまいます。

そこで信繁は、次善の策を打ち出します。大坂城の唯一の弱点である南側に、「真田丸」という出城を築いて、多数の敵を撃退しました。

▶ その「生き方」でわかる真田信繁の魅力とは？

文句なく強い

城を守る際には、父譲りのゲリラ戦で敵を翻弄。落とし穴や、伏せおいた鉄砲隊の攻撃で打ち破る。城を出た大坂夏の陣では、3000ほどの真田隊で徳川軍1万5000を突き崩し、家康本陣の旗を倒すほどの快進撃。不利な状況であっても、信繁は確かな戦術と勇猛さで敵を圧倒した。

一発逆転にかける

冬の陣で大坂城の堅固な守りに手を焼いた徳川軍は、講和に持ち込み、策略で城の堀をすべて埋める。さらに真田丸も破壊し、有利な条件で再戦。それでも信繁は総大将の家康を討てば、形勢が逆転すると考えて突撃した。決死の進軍は本陣を崩し、一時は家康も死を覚悟したほど。

不遇に耐える

10代半ばで上杉家に、さらに20歳過ぎまで豊臣家で人質生活を送る。ようやく表舞台に出られたと思ったら、関ヶ原で西軍が負け、紀州の山中に15年間も幽閉されてしまう。それでも、再び自分が輝けるチャンスを待ち続けた。

損な役を買って出る

大坂城は、秀吉が知恵と金を注ぎ込んで築いた名城。10万の兵を何年も養えるほどの兵糧もあった。が、唯一、南側のみは、堀が少ないなどの弱点があった。そこに敵が殺到すると予想し、信繁は志願して「真田丸」を築いた。あえて敵の攻撃が集中する、激戦区域を引き受ける。

偉大な父を超えてみせる

父の昌幸は、兵力2000～3000程度の小大名だが、徳川の大軍を2度破った。その教えを受けたが、昌幸が破ったのは家康不在の徳川軍。信繁は家康が率いる大軍を、寄せ集めの牢人軍を指揮して蹴散らした。

しかし、大きな実績を示したにも関わらず、次の夏の陣でも信繁の作戦は無視されてしまいます。嫌気がさして、いつ投げ出してもおかしくないですが、彼はあきらめません。徳川家康の本陣へ、命がけの攻撃！　最後の最後まで、勝利への可能性を求め続けたのです。

信繁の奮戦は敵方の武将からも、「真田日の本一の兵《つわもの》」「ふしぎなる弓取なり」と賞賛され、今に語り継がれています。不遇の時代こそ腐らず、いつかは名を上げるぞ、と前を向き続けた彼の姿勢は、いつの時代の人にも手本となるのではないでしょうか。

人生に大逆転を起こした蜂須賀小六の「反省力」

蜂須賀小六（1526－1586）尾張の国人で、信長配下となり、秀吉と組んで大出世。外交、合戦など天下統一に貢献。61歳で死去。蜂須賀家は明治維新まで存続。

■20代、30代は失敗続きだった

蜂須賀小六《ころく》（諱は正勝《まさかつ》）の名を聞くと、盗賊上がりの力自慢みたいなイメージが、浮かぶ人も少なくないでしょう。

でも、その程度の人物が、天下を統一した秀吉軍の中枢を占めることは無理です。せいぜい、足軽大将にしかなれません。実像はまるで違っていました。

彼は秀吉の代理を何度も務めた側近中の側近です。竹中半兵衛、黒田官兵衛に次ぐ〝第三の軍師〟といってもよいでしょう。

ただ、前半生は失敗の連続でした。しかし、その経験から学び、フルに活用して、勝ち上がったのです。

竹中半兵衛や黒田官兵衛、あるいは加藤清正に比べても、蜂須賀が格落ちの存在に見えるのは、前半生に華々しい活躍がなかったからです。でも、仕方ありません。30代までの彼が味方したのは、敗者の陣営ばかり……。

美濃の覇者と思った斎藤道三《どうさん》は、息子・義龍《よしたつ》と戦って戦死してしまいます。そのあと、尾張（現・愛知県西部）で仕えたのは、「反・信長」勢力の織田家の人々ばかり。当然、次々と没落していきました。

■全身全霊で秀吉につくす

信長の支配下に入ったのは40歳になる頃で、蜂須賀には人生のラストチャンスでした。これで失敗したら最後だ、と彼は強く思っていたでしょう。

信長から組まされた相手が、秀吉でした。約10歳も年下の成り上がりもので、腕っ節も強くない。しかし、蜂須賀は全身全霊でこの上司に尽くします。

40歳近くまで、いろいろな戦場を渡り歩いた蜂須賀は、合戦上手でした。とくに、少人数で大勢の敵を相手にするゲリラ戦は得意でした。秀吉の生涯のほとんどの戦いに参加して、蜂須賀は粉骨砕身の働きを見せます。

また、敵を寝返らせる調略の交渉の場でも、予想以上に力を発揮しました。当初は美濃で旧知の武将連中を、織田家に引き込む交渉でした。

蜂須賀は、半兵衛や官兵衛という傑出した軍師のやり方を間近で見て、参考にしながら自分も活用します。その結果、毛利家との難しい交渉を、官兵衛と二人で任されるほどになるのです。

■黒田官兵衛にはないものを持っていた

蜂須賀のもうひとつの凄さは、最後まで秀吉に信頼され続けたことです。

秀吉は自分自身が下剋上で天下を取ったため、つねにできる側近に、疑惑の目を向ける人物でもありました。

実際、黒田官兵衛を北九州の土地へ追いやりましたし、千利休に対しては切腹を命じています。

ところが、蜂須賀家に与えた領土は阿波（現・徳島県）。本拠地の大坂とは、目と鼻の先です。それほど彼を信じ、頼りにしていたのでしょう。

でも、蜂須賀はそのことを鼻にかけたり、豊臣家の中で出しゃばることはしません。

新参者の軍師から学ぼうとし、若い連中が出世すれば礼を失しないように接しました。

それはなぜか？　二度と失敗したくなかったからです。

調子に乗れば、いつ、ひっくり返されるかわからない。分相応に生きる。必要とされた時は、これまでに培った力を発揮して、全力でやるという考えを、忘れなかったからではないでしょうか。

失敗を失敗で終わらせていたら、成長はありません。猛省《もうせい》をし、同じ失敗をくり返さない努力をする。そうしていればいつか、才能を発揮できる機会と相手に巡り会えるはずです。

▶ 遅咲きの男・蜂須賀小六はいかに「負け組」から逆転したか①

1560年代　20～30代

仕える相手が次々に滅亡……

最初に組んだ斎藤道三は、息子に敗れる。その後、反信長勢力の武将に仕えるが、信長によって次々と討たれていく。20～30代の蜂須賀は、完全にツキに見放されていた。

身につけた力

反省力

尾張に住んでいながら、信長の凄さを見抜けずに反対勢力ばかりついてしまった。そんな自分の、人を見る目のなさを痛感した蜂須賀。またトップに立つ器量もない、と思い知らされる。この失敗から逃げずに、キチンと反省する力が、後に活かされた。

1566　41歳

秀吉と出会いあの一夜城を

信長配下になった蜂須賀は、秀吉と組んで美濃攻略を命じられる。一夜で築城は創作だが、墨俣攻略や、美濃の主な武将の寝返りに対して、力を合わせて成果をあげた。

身につけた力

出会い力

蜂須賀にとって秀吉は9歳年下で、ひ弱で、身分も下。しかし、自分にはない知恵と、出世する運を持っていた。相手の長所を素直に認め、秀吉に従う。斎藤道三に仕えた経験による、美濃の知識を活かして貢献。ついには、飛躍のきっかけを摑んだ。

1570　45歳

信長、秀吉が大ピンチ！しんがりを務める

朝倉攻めの最中、浅井の裏切りで挟み撃ちにあった信長軍。撤退する味方を逃がす役目を負う秀吉。その秀吉のしんがりを務めるのは、ゲリラ戦を得意とする蜂須賀だった。

身につけた力

土壇場力

しんがりはハイリスクな役割。味方が退却するために敵を足止めし、最後まで戦う。蜂須賀は茂みに兵を隠したり、敵の休憩中に襲うなど、変幻自在のゲリラ戦法で、見事に務めを果たした。主君の危機に体を張れるからこそ、信頼と尊敬を集めることができた。

1582　57歳

中国攻めで黒田官兵衛と共に

中国大返しの成功は、毛利軍の8割の部将が秀吉に寝返ったから、ともいわれている。その調略を任されたのが黒田官兵衛と、蜂須賀。誰と組んでも、そつなく任務を遂行。

身につけた力

失敗を成功に変える力

もっとも秀吉と長い主従関係であり、見事な働きに対して信長から直接、褒美をもらったこともある。だが、決してそれをひけらかさない。新規加入者にも、威張らない。ずっと負け組だった反省から、分相応にふるまうことの大事さを、蜂須賀は知っていた。

ハンディさえプラスに変えた長宗我部元親の「楽観主義」

長宗我部元親（1539－1599）四国の弱小豪族から、土佐一国、さらには四国全土の平定を狙う。屈強な一領具足の、勇名を轟かせるが、のちに秀吉に降伏。享年、62。

■周囲の評価を一変させた出来事

長宗我部元親《ちょうそかべもとちか》は日本の歴史上、四国を武力で統一した唯一の人物です。とはいえ、彼の生涯は逆境の連続でした。同年代の信長と比べたら、生まれや環境に大きな差があります。しかし元親は、逆境だからこそ成功した、ともいえる武将でした。

彼の逆境は、生まれたときから始まっていました。土佐を分割支配していた豪族連中を〝七雄〟と呼ぶのですが、長宗我部家はその最小最弱……。そのうえ、居城も奪われ、一度は滅びかけ、元親が生まれる前に、ようやく居城を取り戻せたほどでした。

過酷な状況ゆえに、次期当主の元親に期待がかかりますが、子供時代の彼はおとなしい性格で、読書好き。周囲には〝姫和子《ひめわこ》〟と笑われる始末。

ところが、ようやく22歳で果たした初陣で、一転して鬼のように槍を振るって大活躍を演じました。周囲の評価は、一変します。

ただし、農民に対しては〝鬼〟にはなりません。たとえば、敵地に攻め入る際も、ふつうの武将は田畑の収穫を全部刈って、敵に兵糧が渡らないようにするのですが、元親は違いました。半分は残して、農民の食べ物がなくならないように配慮したのです。そのため元親が新しい領主となっても、敵地だった農民は支持したのでした。

自分自身が虐げられた記憶があるから、弱い立場の人間の気持ちがわかるのですね。逆に、四方の敵は、中世の権威をそのまま引きずってきたような武将だらけ。農民の支持を受けた長宗我部家は、勢いを大いに増します。

■逆境を嘆かず、工夫で活かす発想

長宗我部軍の快進撃を支えた秘密に、「一領具足《いちりょうぐそく》」があります。

同時期の織田信長の軍団は、兵農分離に成功し、専業の武士団で勝ち続けていました。それは商業地・尾張の潤沢《じゅんたく》な資金と、大量に人を集められる本州の、真中に位置していたからこそ可能なことでした。僻地だった土佐では、兵農分離はムリです。そこで、ふだん農作業をしながら、かたわらに槍と鎧を置き、いつでも招集に応じられる体制を敷いたのが「一領具足」でした。

結果、日々、〝常在戦場《じょうざいせんじょう》〟の心構えで、機動力のある屈強な戦士たちを養えたのですが、このように、元親は自らの逆境を嘆くのではなく、工夫で活かす発想をしました。彼は、いい意味での楽観主義といえます。

だからこそ、中央から遠い土佐にありながら、いずれは天下を狙うため、情報を集めて一早く、信長と同盟を結びました。自分は田舎者かもしれないが、このやり方で勝ってきたし、事実上、四国も統一したという誇りが、元親にはありました。

誰の人生にも、逆境はあるでしょう。しかし、その現実に目を背けた、アテのない希望的観測からの楽観主義はいけません。元親のように厳しい現実を受け入れたうえで、楽天的に考えていけたら、いかなるハンディさえもプラスにできるはずです。

1539

1歳

長宗我部家の跡継ぎとして生まれる

長宗我部国親の長男として、土佐の岡豊城で生まれる。だが、当時の長宗我部家は土佐国内の、豪族の中で〝最弱〟に近かった。

1560

22歳

ふつうは15歳頃だがようやく初陣

武将の嫡男なら、平均して15歳前後には初陣を飾る。しかし、姫和子と呼ばれ、弱々しかった元親が初陣を許されたのは22歳。

1575

37歳

土佐の七雄を次々に撃破！見事統一

〝七雄〟と呼ばれた豪族のうち最弱だった長宗我部家を、一領具足によって戦力アップ。豪族たちを討ち果たして、ついに土佐を統一した。

"姫"扱いから"鬼"へ！初陣での活躍で一気に名を上げる

幼少から肌が生白く、人見知りで読書を好んでいたので"姫和子"と侮られた。乱世の大将には頼りなく見えたため、父親も次男に当主の座を譲ろうかと考えたほど。しかし、武芸に励み、22歳でようやく初陣を許されると、自ら槍を振るって大活躍。その勇ましさから、今度は"鬼和子"と賞賛された。

田舎ゆえ人が少ないのを逆手にとり最強の一領具足を

当時の織田軍の強さの秘訣は、"兵農分離"。だが、資源も人も乏しい土佐では、従来通りの"半農半兵"で戦うしかない。そこで、機動力を増すために生み出されたのが、"一領具足"。土佐の武士は、槍と鎧をつねに傍らに置き、合戦に即応じられる心構えで、野良仕事に精を出した。雑草魂が、強さにつながる。

▶逆境だったからこそ成功できた長宗我部元親

1585 47歳

信長、秀吉の脅威にめげず四国平定へ

同盟を結んだ信長から、「土佐以外を引き渡せ」と圧力を受けても応じず。秀吉も同様だったが構わずに、ついに四国を平定。

1585 47歳

秀吉の勢いに屈服。臣従を誓う

ついに秀吉と決戦。10万以上の軍勢に攻められ、半分にも満たぬ長宗我部軍は敗北。降伏し、土佐一国のみ領土と認められる。

1599 61歳

四男の盛親に後事を託し波乱の人生の幕を閉じた

九州攻めで嫡男信親を失い、気落ちした元親。四男の盛親を後継ぎに定め、秀吉死去の翌年に波乱の人生の幕を閉じた。

“弱い”ゆえにつねにアンテナを張り信長に近づく

元々、七雄と呼ばれる土佐の豪族の中で、最小最弱だった長宗我部。元親は生き残るため、情報収集を怠らなかった。そのアンテナは本州にも及び、まだ天下統一へ進み始めたばかりの信長に接触。その際、交渉相手は織田軍のキーマンだった明智光秀。信長には、嫡男の元服の烏帽子親になってもらったりしている。

海で捕ったクジラを船で大坂まで運び秀吉を驚かせた

元々、土佐は京都の公家が罪を犯したときに、流される場所。各地の大名も、田舎と侮っていた。だが、元親はその偏見を受け止めたうえで、逆にイメージ戦略を仕掛けていく。たとえば、土佐沖で捕れたクジラを、何十もの船で大坂まで運ぶ。その規格外のワイルドさに、秀吉や諸大名は度肝を抜かれた。

どんなに苦しくても乗り越える児玉源太郎の「問題解決力」

児玉源太郎（１８５２－１９０６）長州の支藩・徳山藩出身。明治の陸軍軍人。台湾総督、内務大臣などを経て、満州軍総参謀長として日露戦争に臨み、日本の勝利に貢献。享年、55。

■宿敵・薩摩を手本にした理由

明治陸軍の軍人・児玉源太郎《こだまげんたろう》は、同時代の東郷平八郎、大山巌《いわお》、乃木希典《のぎまれすけ》らに比べて、その名があまり知られていません。

しかし、彼こそが〝陸〟の日露戦争を、勝利に導いた立役者でした。その活躍は軍事面にとどまらず、大所高所《たいしょこうしょ》から判断できる視野も、懐《ふところ》も深い人物でした。

そもそも、児玉の出自はエリートではありません。長州藩の支藩の出身で、けっして裕福な家庭でもありませんでした。

食べるのがやっとという生活の中で、彼は必死に勉学に励み、藩校トップで陸軍に進みます。

彼の名を最初に知らしめたのは、将校として参戦した西南戦争でした。西郷隆盛率いる薩摩軍の猛攻から、見事に熊本城を守りきったのです。

この戦いで、児玉は敵味方にいた薩摩軍人のリーダーシップに感銘を受けます。自分が、自分が、と前に出る長州のリーダーたちと違って、薩摩の西郷従道《つぐみち》や大山巌《いわお》は、部下に任せたら細かく指示を出しません。任せきる形で、部下たちの力を最大限に発揮させていました。

のちに児玉が、部下のマネジメントに優れた手腕を発揮できたのは、この薩摩式リーダーシップを取り入れたおかげでした。幕末時の怨念で仲の悪かった薩長ですが、児玉はそんなことには無頓着です。

32歳で陸軍大学校の校長に就任した児玉は、ドイツの兵学教官メッケルを招いた際、彼にすべてを一任します。

フランス式だったそれまでの日本陸軍の制度を、すべてドイツ式に変えました。ドイツの「宣戦布告＝開戦」こそが、資源や兵力の乏しい日本軍に適している、と判断したからです。

■苦情はすべて自分が引き受ける

人に任せきるマネジメントは、児玉が台湾総督のときにも発揮されます。当時の台湾の治安は最悪。アヘン患者が多く、日本の統治に対する暴動が続いていました。

乃木希典を含む歴代の総督は、みな武力で抑えようとして失敗していました。

児玉は、まず世界初の将兵検疫システムを構築した、後藤新平《しんぺい》を民政のトップに据えて任せます。後藤はアジアで最も汚い町と言われた台湾に、上下水道を整備。アヘンの値段を上げて、段階をふみつつ撲滅へ。暴動を扇動する革命家には、仕事を与えて懐柔しました。かなり大胆な方法でしたが、児玉は黙って承認し、苦情はすべて自分が受け止め、初めて台湾統治に成功したのでした。

また、日露戦争で日本の、奇跡の勝利をプログラムしたのも児玉です。本来、ロシアとは国力に10倍の差があり、日本は戦争しても勝ち目などありませんでした。そこで児玉は戦力を集中し、敵の主力を叩いて機先を制する作戦を立案します。

その作戦を確実に実行するために、当時、内務大臣と文部大臣を兼務していた児玉は、自ら降格人事を願い出て、満州軍総参謀長に就任しました。そして、総司令官を薩摩の大山巌に依頼します。大山なら、自分に自由に作戦を立てさせてくれる、

▶ 長州出身の児玉源太郎が見習った
薩摩のリーダーの立ち居ふるまい

西郷従道

信頼して任せたら、とことん任せる

西郷隆盛の実弟。海軍大臣時代に部下が「素行不良の将官を解任したい」と提案書を持ってくると、内容も見ずに承認。部下が驚くと「お前に任せたんだから信用している」と。バルチック艦隊撃破に活躍した戦艦・三笠の購入も、国会の反対を押し切って推進！「問題になれば、腹を切ればいい。それで三笠が買えるならやすいものだ」といったという。

大山巌

**勝っている時は部下任せ。
負けそうになったら出番**

陸軍大将であり、日露戦争時の満州軍の総司令官。児玉が総参謀長を務めるにあたり、自分の上司にするのは大山しかいない、と選んだ。大山は「勝っていれば、あなたにすべてを任す。でも、負け戦になったら、私が指揮をとる。それが条件だ」といって了承。度量が広く、約束通り、戦地ではいっさい口を出さなかった。

東郷平八郎

人を責めない。だから部下が燃える

バルチック艦隊を打ち破り、世界に名を轟かせた海軍提督。日露戦初戦で、日本海軍の４隻の軍艦が沈没。艦長たちが詫びに訪れた際、東郷は叱責しなかった。紅茶をふるまい、「冷めないうちに飲みたまえ」とただひと言。その優しい心配りに、４人の艦長は奮起して、全員が次の海戦で命を散らせるほど勇敢に戦った。

と見込んだからです。

児玉は、難攻不落といわれた旅順《りょじゅん》要塞を、攻めあぐねる第三軍（司令官は乃木希典）に乗り込み、見事この要塞を攻略。さらに児玉は、日本の連合艦隊がバルチック艦隊を打ち破るのにも、ひと役買いました。

情報の重要性を知る彼は、「児玉ケーブル」と呼ばれる海底ケーブルを、日本海周辺に張り巡らせました。このおかげで、大本営との電信通信が可能になった連合艦隊は、迅速な行動をとることができたのです。しかも、児玉は奉天《ほうてん》の会戦で日本が勝利した状況で、すぐに帰国し、明治天皇に謁見し、いまなら講和ができると主張し、ロシアとの講和条約交渉にこぎつけました。

広い視野を持ち、敵からも学び、部下を信頼して一任するが、責任は自らがとる。現代でも通じる最高のリーダー・シップを、日露戦争という大舞台で発揮したのが、児玉源太郎という人物でした。

「偉人伝」では語りきれない野口英世の〝二面力〟

野口英世（1876－1928）細菌学者。貧しい中、22歳で医者になる。細菌学を志して渡米し、蛇毒、梅毒、黄熱病などの研究で、医学史に数多くの成果を残した。享年、53。

■どこに突破口があるかわからない

野口英世《ひでよ》を品行方正で優秀な学者だと思っていたら、彼からは何も学べません。

じつは、野口は結構な〝暴れん坊〟というか、だらしない人間で、大酒も飲みますし、女性に溺れた時期も、借金に苦しんだことも多々ある、といういいかげんな人物でした。そんな人物に、何を学ぶのか――。

野口の真の偉大さは、苦難の状況にくさらず、そこでつねに頑張り続けたこと。その粘りが、世界的な発見や研究成果につながったのでした。

史実を追いながら、その対処ぶりをみてみましょう。

野口の最初のピンチは、有名な〝左手の大火傷《おおやけど》〟でした。幼少時、囲炉裏《いろり》に落ちて、左手が固まるハンディを負います。その後、手術で元通りになったという伝記もありますが、実際は多少指が動く程度に……。このハンディのため、彼は目指していた小学校の先生になる夢を捨てます。小学校の先生は、当時、鉄棒ができなければなれませんでした。勉強はできたので、改めて医者を志すことになります。

とはいえ、医学の学校には経済的に進めません。病院に住み込みで働きながら、夜は医学と英語の勉強に励みました。その努力が実り、医学生でも難しい医師の国家試験を前期、後期とストレートで合格しました。

ところが、新たな壁が立ちふさがります。病院に勤務した野口は、不自由な左手や内向的な性格が、そもそも開業医には不向きであることを痛感……。

そんな時、野口が興味を持ったのが細菌学でした。新しい病原菌を次々と発見する、最先端の医学――この分野なら、左手のハンディは関係ない。粘り強い野口の性格にも、ピッタリでした。下級助手としてですが、北里柴三郎《きたざとしばさぶろう》の伝染病研究所に入ります。しかし、待っていたのは東京帝大出身者しか出世できない現実。失望した野口は、酒を飲んでは泥酔し、遊廓に入り浸る自堕落な日々を送ります。

　ついに野口は、日本を追われるように渡米。学歴の壁、借金した知人への不義理など、どうにもならない行き詰まった末の選択でした。

　訪ねたのは、ペンシルバニア大学のサイモン・フレクスナー教授。教授の来日時に、通訳をたった一度つとめただけの縁にすがったのです。突然の訪問に困惑した教授が、野口を追い返すために与えた仕事は、毒蛇の毒の抽出でした。ガラガラ蛇やコブラを刺激して、毒液を採取する仕業は命の危険さえあります。

　しかし、野口は承諾しました。伝染病などの研究が主の細菌学では、蛇毒はライバルが少ない。むしろチャンスだと考えたのです。必死で蛇毒を採って、顕微鏡で覗いては分析し、何本も論文を書きました。蛇毒のメカニズムを解明し、血清の開発に大きな貢献をしたのです。

　実力主義のアメリカで、野口は高く評価されます。彼はやがて、ロックフェラー医学研究所の一等助手から、ついには正研究員にまで出世します。

　しかし、世界的な権威となっても、野口はそれに満足しませんでした。梅毒《ばいどく》、黄熱病《おうねつびょう》と新しい病原菌の研究を、次々と続けました。彼のように、あきらめないしつこさを持てば、ピンチをチャンスに変えることができるはずです。

1876

1歳

囲炉裏に落ちて左手を大火傷

猪苗代の、貧農の家の長男として生まれる。1歳のとき、囲炉裏に落ちて、左手を大火傷。指が固まって不自由になってしまう。

1896

21歳

上京。働きながら医師の試験に合格

会津の病院で雑務をこなしながら猛勉強。その後、本格的に医師をめざすために上京して、国家試験にストレートで合格する。

1899

24歳

入った研究所は東大閥。横浜に〝左遷〟

当時、花形だった伝染病研究所の助手になる。しかし、出世できるのは東大閥のみ。野口は横浜の検疫官として左遷……。

小学校の先生になる夢を挫折。医学の道へ

農業では生活できず、小学校の先生を目指したが、不自由な左手では鉄棒ができず、断念。そこで、記憶力の良さを活かして、勉学の道に進む。でも、学校に通う学費はない。病院で雑務をこなしながら、睡眠時間を削って努力し、医学生でも難しい前期・後期試験にストレートで合格した。

海外の船員と英会話！船員からペストを発見

せっかく入れた伝染病研究所は、東大閥しか出世できない現実を知る。落胆した野口は酒と女に浸ってしまう。業務に支障をきたし、横浜港の検疫医官へと"左遷"。心を切り替えた野口は、海外の船員との交流で語学力を磨く。さらにペスト患者を上陸前に発見。ペスト菌を検出し、研究所に復帰した。

▶逆転発想で大出世した野口英世

1900
25歳

私生活は放蕩三昧。追われるようにアメリカへ

名を上げたいのに道がない。野口は大酒を飲み、遊廓に入り浸る毎日。借金がかさみ、日本を追われるようにアメリカに渡る。

1911
36歳

長年の放蕩がたたって梅毒になったといわれる

アメリカで蛇毒研究の第一人者に。しかし、日本での放蕩のツケか梅毒を発症。これを研究して、梅毒の病原体の発見に成功。

1928
53歳

黄熱病の研究中に黄熱病にかかり亡くなる

ロックフェラー医学研究所で、確固たる地位を築く。次の研究対象は、黄熱病。しかし、自分自身も感染し、西アフリカにて死去。

毒蛇の毒を抽出せよ!
嫌がらずやって
蛇毒の権威へ

たった1度の面識しかない、フレクスナー教授を頼って渡米。そこで渡された仕事は、毒蛇から毒液を抽出する作業。危険きわまりない役目だが、野口は必死で取り組み、研究を積み重ねていく。誰もやりたがらない分野ゆえに、本気で打ち込めば成果が大きい。蛇毒の分類や治療法を確立して、権威になる。

それならばと
梅毒を研究し
世界的な発見を!

性病である梅毒の病原体の発見も、野口の偉業のひとつ。その研究のきっかけは、自身が梅毒に感染したから。潜伏期間が10年以上に及ぶ場合もあるため、日本での放蕩がたたった可能性が高い。その体験を研究に転化するバイタリティの強さが、当時の世界の医学界に衝撃を与えた。

人より先に前に出た安田善次郎の〝危ない橋〟の渡り方

安田善次郎（1838－1921）安田財閥の創業者。両替商として幕府、新政府に認められる。民間で初の銀行を開業。生保、損保など金融業に特化して、財閥を発展させる。享年、84。

■数少ないチャンスを確実にモノにする

安田善次郎《ぜんじろう》という名前に、なじみのない読者がいるかもしれません。が、この人は日本の四大財閥のひとつ、安田財閥の創業者です。

しかも、三井財閥と住友財閥には数百年の歴史があるため、一代で財閥を築いたのは、三菱財閥の岩崎弥太郎とこの安田善次郎の二人と言えます。

彼のビジネスのスタートは、戸板一枚の上に座り、お金を小銭に両替して、手数料をもらう仕事でした。

そこからのし上がって大富豪となれたのは、目の前にチャンスがあると思えば、それが危ない橋とわかっていても、果敢に挑戦したからでした。

危ない橋を渡る勇気……といっても、ただやみくもに、危険な状況に突っ込むだけでは失敗してしまいます。じつは20代前半までの善次郎は、この無鉄砲なだけの若者でした。

富山藩の下級武士の次男に生まれた彼は、『太閤記』を読んで感動。秀吉のように一旗揚げようと、江戸に出てきます。

一攫千金を夢見て商家に丁稚奉公しますが、なかなか給金が上がらない。

そこで、なけなしのお金を相場に張るのですが、何度も失敗の連続。脱線して浄瑠璃の世界に転職をしようか、と考えたこともありました。

しかし、何度目かの相場で失敗したある日、ふと気づくんですね。こんなことをくり返していても、ダメなんじゃないか、と。

無謀な丁半博奕をせず、もっと地道に一歩一歩進もうと決意した。自分の資本はお金だけではない。体力と時間も、フルに活用すればいい。

まず善次郎は、両替商として独立しました。もちろん店舗はなく、戸板の上に銭を並べるだけです。同時に、鰹節や海苔まで売ったそうです。

そうやって堅実に稼ぎ、なんとか小さいながらもお店を持つことができました。そこへ、幕府から両替商にお触れが出ます。日本の良質な金銀が、開始された海外との貿易の中で、海外に流出している。それを防ぐために、巷《ちまた》にある金銀を回収して、金銀の質を欧米なみに落とすことになり、まずは金銀を回収せよ、との内容でした。

ついに、善次郎が危ない橋に一歩踏み出すチャンスがきたわけです。

■勝算があらばこそ、一歩前へ

当時は幕末——治安は悪化し、大金を積んで大八車で市中を回るなど、悪党どもの格好の餌食《えじき》です。当然、大手の両替商は、幕府の命令を無視します。

そこで、真っ先に危ない橋を渡ったのが善次郎でした。自ら大八車を引いて金銀を回収し、家に帰ると、お金を庭に埋めて隠しました。

身の危険を感じることもありましたが、誰もやらない仕事だから、頑張れば頑張るだけ利益になります。

それでも2度、庭に埋めた千両箱を盗まれたことがあったようです。しかし、彼はめげません。

実際、幕府は善次郎に「本両替」という最高の評価を与えました。

彼の快進撃は、維新後も続きます。新政府が発行した金札は、市民に受け入れられず、一時は100両の金札が40両でしか取引されないほどに暴落。しかし、善次郎は政府が額面通りに価値を高める策を取ると予測し、積極的にこの金札を集めます。

読みは当たり、1万5千両もの大金を得て、彼は安田財閥の礎を築くことができました。善次郎は一か八かの博奕をしません。冷静に勝算の有無を判断し、一歩前に出ただけです。

現代でも同じはず。先が見えない不安で、誰もが立ち止まっているなら、自分の信じた道に半歩だけでも、踏み出してみてはいかがでしょうか。

6年間奉公しても給料上がらず

太閤記に憧れて、富山から江戸に来た善次郎。玩具問屋で初任給が年俸3両2分。両替商に転職するが6年奉公して年俸は6両で変わらず。人生50年の時代、20代半ばでこの金額では満足できない。

えいや！と独立する

大金を稼ぐため、独立。といっても戸板1枚敷いて、小銭を並べ両替商を始めただけ。店を持たなくても起業はできる！

本業だけでは食えずに海産物も売る。

幕末、金銀が海外にどんどん流出する

開国し、海外との貿易がスタート。外国は日本の良質な金貨、銀貨に目をつけ、純度の低い金銀を持ち込んで、それと交換。不公平な取引で次々と、日本の金銀が海外へ流出する始末。

安田財閥へ！

年間６両だった善次郎の生活が維新後２年で１万５千両の財産家に。日本最初の民間銀行である、安田銀行を発足。金融に特化した経営を続け、財閥は発展。善次郎は日銀の監事にも。

明治維新！ 金に変わり紙がお金に！大混乱

明治新政府は財政難の解消のため、金札を発行。しかし、小判や銭に慣れ親しんだ庶民は、紙をお金の代わりに使うことを不安視。市場では金札の価値が大暴落し、経済は大混乱。

その紙、私が引き受けます！

一時は 100 両の額面の金札が 40 両でしか使えないほど…。だが善次郎は、積極的に金札を買い集める。いずれ政府が額面通りに流通させる策を取ると見込んだ。

大八車を引いて金銀を回収！ 幕府に持参

幕府は国内の金銀貨を回収するよう指示。しかし、治安の悪い幕末、大手の両替商は拒否。誰もやらないならチャンスだ、と善次郎は大八車引き金銀を回収した。

6

「運命」の章

平清盛に学ぶ他人の力を自分の力に変える方法

平清盛（１１１８－１１８１）武士として、初めて太政大臣にまで上り詰めた人物。保元・平治の乱での勝利により、平家を繁栄に導く。日宋貿易など、経済政策にも力を入れた。享年、64。

■「清盛は暴君だった」というのは虚構に過ぎない

平清盛《たいらのきよもり》を簡単にいえば、これまで公家が支配していた世の中を変えた人。武士として、最初に政権を握った人物。そして、「平家にあらずんば人にあらず」といわれるほどの、権勢を誇った権力者です。さらにいえば、あの織田信長が目標とした人でもありました。

清盛はいつの時代に生まれても、成功を収められる能力を持っていたように思います。自分を知り、人の良いところを吸収し、誰彼なく気を配る能力。清盛の生涯と共に、彼の凄さを紹介しましょう。

清盛が人から学んだり、気を配ったと聞いて、意外に思う読者がいるかもしれません。『平家物語』やドラマの世界では、暴君として描かれる場合が多いですからね。

しかし、実際の彼は苦労人。平家の統領として育ちますが、世は公家の全盛期でした。武士は番犬扱いされる身分で、公家からは心ない仕打ちを日常的に受けていました。

この経験が、清盛の最大の強みを作ります。それは、決して上からものを見ない、ということ。弱者の立場や気持ちがわかるから、清盛は家臣に対しても、人前で叱ることはしません。自分に敵対した相手でも、一度は許す優しさがありました。

これと対照的なのが源氏です。彼らは京都の公家とは距離を置いて、地方の武士だけで過ごすため、異なる価値観を経験できませんでした。そのため独善的になりやすく、刃向かう者や異なる考えの者は討ち滅ぼしてしまいます。

源頼朝が木曾義仲《きそよしなか》や自分の異母弟の義経まで討ち、結果的に、源氏は自分たちの内輪モメで力を失い、自滅した部分があるのは、皆さんもご存じのことでしょう。

しかし、平家は裏切る者が出らず、一族郎党が団結し続けました。それは長である清盛が、慕うにふさわしいリーダーだったからです。

■信長は清盛を尊敬し、平氏を名乗った

清盛は相手の良いところを見て、人とつきあいます。欠点には目をつぶりました。政治のパートナーとなる後白河法皇《ごしらかわほうおう》（第77代天皇）は、若いときは周囲から〝無能〟だと散々にいわれていました。

教養があまりなく、流行り歌（今様《いまよう》）が好きな人でした。でも、政略には強かった。清盛は彼と組んで、力を伸ばします。

清盛はいいものはすぐ、自分に取り入れます。たとえば、九州に領地を持つ父・忠盛《ただもり》が海外貿易で儲けるのを見て、日宋貿易を一層、盛んにしました。後白河法皇が、自分に都合のいい人物を天皇にして院政を敷くのを見て、自分の娘・徳子を高倉天皇（第80代）に嫁がせます。

ただし、悪い因習は受け継ぎません。縁起を担いで吉日に出陣するような慣例は、さっさとやめてしまいました。合戦で遅れを取りますからね。当時の価値観では考えられないくらい、非常に現実的な人でした。

清盛は己《おの》れを知っている人でした。彼は合戦が、それほど得意ではありません。源氏の統領である源義朝《よしとも》（頼朝・義経たちの父）のように、一騎当千の大将ではあ

▶ 平清盛の求心力の秘密はどこにあったのか

人前で人を叱らない

自分に非があっても、人前で恥をかかされれば、叱られた相手は恨みを抱く。そのため清盛は、決して人前では叱らない。あとで個別に呼んで、言い聞かせた。結果的に、家臣の忠誠心は高まる。公家にバカにされ、屈辱の日々を送った経験があるから、人に対する細かい気配りができた。

人の欠点を見ない

完璧な人間はいない。周囲の人間のアラ探しをすれば、いくらでも見つかる。だから、清盛は人の欠点を気にせずに接した。自分の後継者である三男の宗盛は、優柔不断な面もあったが、統領として、つねに盛り立てる。源平合戦で宗盛の下、平家一門は最後まで乱れず戦い続けた。

人のやり方をマネる

実績のあるやり方に学ぶのが、成功するための近道。清盛は貿易で儲けて力をつけた父親のマネをし、日宋貿易を大々的に広げた。自分の意のままになる人物を、天皇にして政治の実権を握る方法は、後白河法皇に学ぶ。自分のスタイルに固執せず、効果的ならドンドン取り入れる。

人の失敗を許す

簡単に、マイナス評価をしない。若いころ、海賊退治を命じられた清盛は、改心した海賊には海上警護の役目を与えた。その結果、商船が安全に航行できるようになり、日宋貿易は発展。また、後白河法皇のように、1度は敵対しても罪を許す。ただし、2度裏切った者は容赦なく処刑した。

りませんでした。

それだけに、気に食わなければ合戦で倒す、という思考は持たず、人とうまくつきあい、良いところを学び、自分の能力を高める。敵に対しては内訌《ないこう》（うちわもめ）を仕掛け、分裂させて、弱りきったところを叩きました。結果、武士として初めて太政大臣にまで出世したのです。

織田信長は清盛を尊敬し、あえて平家を名乗って、日宋貿易ならぬ南蛮貿易に力を注ぎました。

筆者は信長の政権構想は、息子信忠を征夷大将軍とし、八条宮を養子として天皇にすえ、信長自らは院政を施く——そういうものではなかったか、と考えてきました。この場合のモデルは、清盛です。

読者の皆さんも、周囲の人々の中にある美点を見つけて、自分に取り入れるといいですよ。ただし、出世しても、くれぐれも周囲への態度を変えないように。あなた自身が、奢る平家は久しからず、にならないようにしてほしいものです。

宮本武蔵の栄光と悲劇はどんな意味を持っているのか

宮本武蔵（1584－1645）兵法家。二天一流の開祖。60回以上の決闘で勝ち続けた、と自証する。佐々木小次郎との決闘が有名。『五輪書』や水墨画など、文芸方面にも名作を残す。享年、62。

■剣豪の晩年はなぜ不遇だったのか

宮本武蔵について、多くの人々が思い浮かべるのは、吉川英治氏の創作した小説の、主人公のイメージでしょう。

実在の武蔵には、友人の本位田又八《ほんいでんまたはち》も恋人のお通《つう》さんもいませんでしたし、沢庵《たくあん》和尚、柳生石舟斎宗厳《むねよし》─宗矩《むねのり》父子と出会うこともありませんでした。

しかし、当時の日本における、最強レベルの剣士だったことは疑う余地はありません。自ら60回以上と数える果し合いに勝ち続けた、と自証するほどの男です。同時に、武蔵の人生には悲劇的な一面がありました。その強さを自分が思うほど、周囲に認めてもらえなかったことです。武蔵の強さの秘密に迫るとともに、自分の価値にこだわり過ぎたがために、不遇であった彼の弱みも、併せて紹介しましょう。

20代の武蔵は、ひたすら闘いを求め続けました。彼は勝つためには手段を選ばなかったから、強かったのかもしれません。約束の時間に遅れて、相手の心理をかき乱す。不利になれば、自分の得意な形式に、闘い方を変えてしまう。特定の流派を学ばず、我流で腕を磨いたために、礼儀に欠ける荒々しさも持っていました。

決闘に明け暮れたのは、立身出世をめざしてのこと。かの有名な巌流島《がんりゅうじま》（正しくは舟島《ふなしま》）で佐々木小次郎に勝った前後、徳川将軍家への仕官を企てています。

軍学者・北条氏長《うじなが》を介したのですが、武蔵は自分には3000石、今でいえば年収1億円ぐらいの価値がある、と信じていました。これは当時の、侍大将クラスの待遇。しかし、幕府が提示したのは10分の1ぐらいでした。とはいえ、不当評価とはいえません。巌流島のような決闘で、武蔵が強いのは幕府も理解していたのですが、合戦での強さを証明するものが、武蔵にはなかったのです。

ましてや、侍大将《さむらいだいしょう》に匹敵する合戦での手柄が、彼には皆無でした。交渉は決裂します。自分の価値を下げることができない武蔵は、その後20年も〝不遇の生活〟

を送ることになりました。

■武蔵とは真逆の生き方をして出世した剣豪

武蔵と対照的な生き方をした人に、漢詩人・石川丈山《じょうざん》がいます。彼は徳川譜代の強者《つわもの》。大坂夏の陣では、単身大坂城に乗り込み、登城（一番乗り）の手柄を立てますが、功名を賞賛されないばかりか、軍令違反の罰を受けてしまいます。抜けがけでも、功名が認められるのが戦国の習いでした。しかし、時代は変わったのだ、と丈山は悟ります。そこで、牢人となりました。

これからの世は学問が必要だ、と考えた彼は、大学者・藤原惺窩《せいか》の門を叩き、必死に勉強します。その努力が実り、広島の浅野家に侍大将並みの好待遇――三千石（一千石とも）で、儒学者として迎えられたのでした。

自分の価値は本来、他人が決めるもの。頑《かたくな》に自分の思い通りの評価を求めれば、結局は時代に取り残されてしまいます。

自分の値打ちを知るということと、その値打ちにこだわるということは、まったく別なことだと、考えてみることは大切なことのように思われます。

1584
1歳
兵法家の父のもとに生まれる
武蔵の生国は諸説あり。だが、父の無二斎は十手・刀術の兵法家。幼少のころから彼が鍛えたことも、武蔵の強さの原動力に。

1596
13歳
新当流の有馬喜兵衛と決闘し、勝利する
自分は強い、と立札をした有馬喜兵衛と決闘。刀では分が悪いと見た武蔵は「組もう」と組みつき、豪腕で投げ殺して勝利した。

1612
29歳
有名な巌流島の決闘で佐々木小次郎を倒す
小倉藩細川家に仕えていた佐々木小次郎に、武蔵が決闘を申し込む。巌流島において、櫓を削った長い木刀で武蔵が勝利した。

武蔵の強み①

良くも悪くも、勝つためには手段を選ばないのが武蔵の強さ。刀の勝負が不利とみれば、すぐ組打ちに持ち込んで、体格と腕力で勝つ。巌流島の決闘は、約束の時間に3時間半遅れて小次郎を消耗させた。特定の師匠から正統の剣法を学ばなかったため、相手と対等の条件で勝たなくても、恥じることはない。

武蔵の弱み①

通常、合戦では「この首を獲ったのは確かに彼だ」という証人が必要。また作法通りの決闘には、見届け人など第三者の立ち会いが当たり前。しかし、武蔵は1人で合戦に参加して暴れ、喧嘩のような果たし合いばかり……。その勝利を証明できる人間がいなかったため、仕官の際に高待遇を渋られてしまう。

▶ 最強の剣士・宮本武蔵の強さと弱さ

1612頃　29歳頃

将軍家に仕官を願い出るが、金額で折り合わず

我こそ天下一の剣術家と確信した武蔵は、江戸で将軍家への仕官を願い出る。しかし、実績がないため、示された条件は希望を下回る。

1638　55歳

熊本の細川家に仕官。大番頭格の待遇に満足

巌流島の戦いを見守ってくれた細川家が、武蔵を〝侍大将級〟の待遇で採用。給与は低いが、武蔵は名誉をもらえて満足。

1645　67歳

『五輪書』を記し、「甲冑を着せよ」と遺言

後世に自分の兵法を残すために、『五輪書』を書き上げる。死期を悟り、「我が遺体に甲冑を着せよ」と遺言を残して世を去った。

武蔵の弱み②

自分は天下一の剣士であり、兵法でも随一と信じる武蔵は、侍大将クラスの年収の扱いを主張。しかし、将軍家の剣術指南役である柳生家ですら、数百万円クラスからスタートしている。ましてや第三者の裏付けのない、決闘の無敗記録は実績とは認めづらい。武蔵は晩年まで、待遇に恵まれなかった。

武蔵の強み②

巌流島の決闘で世話になった細川家に、客分として仕えることになった武蔵。自分の価値を認めてくれた主君に対して、あらんかぎりの兵法を伝える。それは戦い方に限らず、国の治め方や、日常生活の過ごし方まで多岐に渡った。さらに多くの人にも伝えたい、と『五輪書』を記し、約370年後まで読み継がれている。

勝ちきれなかった明智光秀の成功と失敗の法則

明智光秀（1528?－1582）40歳過ぎまで諸国を放浪し、後に織田信長の重臣に。行政、軍事、朝廷との交渉を担当。本能寺の変で信長を倒すが、秀吉に討たれる。享年は諸説ある。

■反面教師としての明智光秀

明智光秀は信長を裏切った、いわば〝逆臣〟です。しかもその後、羽柴（のち豊臣）秀吉に討たれてしまい、〝三日天下〟に――。

悲劇の武将としての、イメージが強いのではないでしょうか。

しかし一方で光秀は、織田信長が最も頼りとした人物でもありました。

生年は不詳ですが、おそらく織田家に加わったのは40歳を過ぎてからでしょう。

そのハンディをものともせず、柴田勝家や丹羽長秀、あるいは羽柴秀吉など、並みいる家臣団を追い抜き、信長の信頼を勝ち取った力量には、大いに学ぶべきポイントがあると考えます。

もちろん、最後に信長を裏切り、天下を取ったと思ったのも束の間、織田家の人間は誰も彼に味方をせず、敗れ去ったのも事実です。つまり、光秀には長所の裏返しの短所があり、その部分もまた反面教師として、読者は学ぶことができます。

■若いうちの蓄積があとで活きる

では、さっそく光秀の経歴を簡単に紹介しましょう。彼が40歳過ぎまで、歴史の表舞台に出てこないのは、諸国を歩き、仕官先を捜していたからです。

じつはこれが、光秀の活躍のポイント。当時はテレビも新聞もない時代ですから、自分が生まれた土地以外の情報なんて、ほとんどの人間が持っていませんでした。それぞれの国の地形や町並みを見て回るだけでも、大変な情報を得ることができたわけです。

しかし、浪々の身で、お金のない光秀に、なぜ、そのようなことができたのか。想像してみて下さい。その土地の寺を、光秀が訪ねたとします。住職が出てきます。知識階級の僧侶にすれば、他国を見聞した話は価値があるし、何よりの娯楽です。

光秀をもてなしたうえに、隣の国の寺へ紹介状まで書いてくれます。これをくり返して、光秀は仕官先を捜しつつ、全国を巡ったのです。

やがて20代、30代と苦労して身につけた知識や経験が、信長に認められます。人生50年といわれる時代に、40を過ぎた武将デビューですが、光秀にはじっくりと自分磨きをしてきた甲斐があったわけです。

■追い詰められる前にやるべきこと

ほかにも光秀は、鉄砲の名手であり、鉄砲を早くから取り入れた信長の覚えがよかった。さらに、彼は室町幕府に仕えていたことがあるともいわれ、公家の言葉や風習にも通じていました。天下統一をめざす信長には、喉から手が出るぐらいほしい人材だったかもしれません。

だから、織田配下の武将で一番早く、〝城持ち大名〟になりました。しかも、場所は天下の中心地、京都のすぐ近くの坂本城。信長は光秀に日向守の官位を与え、将来、九州を平定して、そこを任せようと考えていたようです（そのあと、もう一方の京都を扼《やく》する亀山城も与えています）。

光秀もその期待にこたえ、自分が大出世したのは信長様のおかげだ、瓦礫《がれき》（価値のない、取るに足りない物事のたとえ）の中から拾われたようなものだ、と大いに感謝していました。

ところが、信長は人使いがとても荒い大将です。まともに働いていては、精神的に追い詰められてしまいます。秀吉は持ち前の機転と性格で乗り切りましたが、まじめな性格の光秀は、心身ともに追い詰められていきます。まじめは長所でしたが、信長の配下としては致命的な短所にもなってしまいました。今風にいえば、ネクラなところが出てしまったようです。

本能寺の変後、多くの武将が光秀の味方をしなかったのも、この欠点のせいでした。現代もこういうタイプの人が増えている、と言われています。ぜひ光秀を反面教師にして、心身のリフレッシュをはかってほしいですね。

乱世ではこの短所は致命的だった！

致命的な短所 1

まじめ過ぎ。休めない

現代社会でも、まじめな人は休むことが苦手。有能な光秀には仕事が集まってくるが、彼はそれを全部こなそうと頑張る。仮病でもいいから、休めばよかった。一時的に信長に干されるかもしれないが、挽回のチャンスはあったはず。疲労がたまり追い詰められた。

致命的な短所 2

空気を読まない 発言を連発

武田家を滅ぼした祝宴で、まだ織田家に仕えて日が浅い光秀は、「長年、苦労してきた甲斐があった」と言ってしまう。信長や歴戦の部下たちから見れば、「お前が言うな」と。人の機微がわからず、コミュニケーションが苦手だった。まじめすぎる学級委員タイプ。

致命的な短所 3

根回しベタ。つねに正攻法

乱世では、相手のウラをかくのも戦略。"いい人"が生き残れるほど甘くはない。光秀はダマし討ちをせずに、正攻法を好んだ。本能寺の変の前も、盟友の武将たちへの根回しがゼロ。そのため、せっかく信長を討って天下人になっても、その天下を治めることができなかった。

▶ 明智光秀の「凄すぎる長所」と「致命的な短所」

凄すぎる長所 1

若い時に諸国を武者修行。事情通に

多くの人間が、生まれた土地から離れずに一生を終える時代。20代30代の光秀は“武者修行”で全国を回り、それぞれの国の教養のある人物や武将と会う。どの国が強いか、物価がどうかなどの、見聞を広めた。牢人の身で、最新式の鉄砲の知識も貪欲に勉強した。

凄すぎる長所 2

語学に強かった

かつては同じ日本人でも、地域や身分が違えば使う言葉はまるで違った。上洛した信長には、京都の文化や、公家の言葉がわかる家臣がいない。諸国を旅した経験があり、公家の言葉もわかる光秀が重宝された。現代なら、外国語ができると就職にも転職にも強いのと同じ。

凄すぎる長所 3

信長の命に忠実まじめ。

最大20倍の敵を、同時に相手にしていた織田軍。有能な武将ほど各地の戦場に送られ、心休まる日はない。50代に入った光秀も、疲労はピークに達していたはず。それでも頑張る光秀を頼もしく思い、信長は日向守の官位を与え、九州を平定するまでは働けよ、と発破をかけた。

派手なパフォーマンスを嫌った実力の人・北条氏康の生き方

北条氏康（1515－1571）小田原・北条氏3代目の大名。関東6か国へと領土を拡大した。謙信、信玄も撃退する戦上手。河越夜戦の逆転勝利でも有名。享年、57。

■実績や実力をひけらかさなかった理由

戦国屈指の名将・北条氏康《うじやす》――。彼の知名度は案外、高くありません。実際は、父の代で3か国だった領土を関東6か国に拡大。また、〝日本三大奇襲戦〟に数えられる「河越夜戦《かわごえよいくさ》」で、10倍の兵力差を逆転して勝利しました。

内政でも手腕を発揮し、家臣と領民の両方から人望を集めた人物です。

なぜ、もっと評価されないのか？

当時から氏康自身が、実績や実力をひけらかさなかったためです。たとえば、上杉謙信は自らを「軍神」になぞらえてカリスマ性を高め、武田信玄は〝赤備え〟や騎馬軍団の強さをアピールして、天下に名を響かせました。

でも、氏康は派手なパフォーマンスをしません。地道に勝ち進んだ、彼の生涯を紹介しましょう。

■わざと負けて兵を退き油断させてから総攻撃

3代目の氏康が名将たる所以《ゆえん》は、初代の早雲（正しくは伊勢宗瑞《そうずい》）がゼロから北条家を立ち上げたことに関係しています。

早雲は下剋上により、成り上がった人物。奪った領地には、長年住んできた領民がいました。領民からすれば、早雲はよそ者です。そこで彼は税を軽くし、苦しむ領民にはお金を貸して助け、支持率を上げました。

2代目の氏綱《うじつな》は、先代の善政を継承しながら、息子の氏康にその思想を引き継がせます。ふつうはここで2代が先代と張り合ったり、自身の力を勘違いして、家を傾けるのですが、北条家は違いました。

氏康は謙虚に、着実に勢力を広げます。領土を広げるたび、新しい家臣を雇い入れ、彼らを厚遇しました。

破竹の快進撃で、領国を増やし続ける氏康。しかし、最大の危機を迎えます。追い出した関東各地の元支配者たちが手を組んで、8万の連合軍で攻めかかってきたのです。

領内の河越城を囲まれて、氏康は8000程度の兵で駆けつけますが、兵力差は10倍！　でも、氏康は冷静に対処します。わざと初戦で負けて、一時的に撤退。敵が油断して、気が緩んだ隙を突いて、深夜に奇襲戦を仕掛けたのです。

予想外の不意打ちで、連合軍は完全に崩壊。北条軍は1万3000人も討ち取る歴史的な大勝利となりました。

■息子・氏政のご飯の食べ方に落胆

氏康の合戦は、思い切りがとてもいい。戦略を立てたらその一点に集中し、戦力をムダに分散しません。

上杉謙信にも何度か攻められますが、小競り合いをせず、本拠地の小田原城に籠《こも》り、相手の兵糧が尽きて撤退させる作戦で追い返します。

氏康は、己れの力と限界をわきまえていました。覇を競った信玄と謙信が天下をめざす中、領土を関東6か国以上に広げようとはしませんでした。

しかし、この名将にも弱点がありました。氏康が完璧すぎたせいで、下が育ちませんでした。息子の氏政を見れば、そのことがわかります。

こんなエピソードがあります。食事の際に、ご飯に2度汁をかけた氏政を見た氏康は、「毎日食べるメシさえ、ちょうどいい汁の分量もわからないのか」と嘆いたというのです。

氏康の死後、氏政や遺された家臣は世の流れを読めず、氏政はその子・氏直とともに、秀吉に小田原城を攻められ、ついには降伏しました。

実力をひけらかすことをせず、堅実に実績を積み上げた氏康。しかし完璧すぎては、下が育ちません。この両面が、ともに教訓となるのではないでしょうか。

氏康の能力1 奇襲力

日本三大奇襲戦の1つ「河越夜戦」で大勝利

信長の「桶狭間の戦い」、毛利元就の「厳島の戦い」と氏康の「河越夜戦」を“日本三大奇襲戦”と呼ぶ。わざと撤退して隙を作り、相手が油断したところで奇襲。大勝利へ。

氏康の能力2 思い切る力

上杉謙信が大軍で来襲！ 戦わずして兵を退く

越後から謙信が大軍で攻め込むと、氏康は兵力を小田原城に集結させる。ふつうは前線の城で抵抗するが、ムダな犠牲を出さない。勢力を結集し本拠地で迎え討って、撃退した。

氏康の能力3 心をつかむ力

滅亡が迫っても誰も裏切らない人望力

小田原征伐の際、北条の主な武将で、秀吉に寝返ったのは1人だけ。日本中の大名に囲まれても、家臣団には強い結束があった。氏康が家臣の心を汲む努力を重ねた証拠。

氏康の能力4 律儀である力

桶狭間で今川が大敗。信玄は裏切るが氏康は…

北条、今川、武田には「三国軍事同盟」があったが、桶狭間後、信玄はそれを破棄して、今川氏を狙う。乱世とはいえ、氏康は約束を破らず、信玄の違約を非難する。

氏康の能力5 目立たない力

戦国武将で5本の指に入る力をひけらかさない

多くの戦国大名が天下取りを目論み、京への上洛をめざすが、氏康は動かない。自らの強さを誇らず、関東を堅実に守り、内政を充実させ、家臣と領民の双方から支持を得た。

▶ 北条5代の中で抜群の才能を発揮! 氏康の5つの力

早雲がゼロから立ち上げた北条氏は、組織としては理想的な継承と発展を遂げた。とくに3代目の氏康が、突出した成果をあげている。

【初代】北条早雲

一代で北条氏の礎を築いた稀代の名将

晩成の武将。40代で歴史に登場し、60代で小田原城を奪い一国一城の主に。税を軽くし、領民の人心を把握する北条家の統治が以後、受け継がれる。

【二代】北条氏綱

北条の未来のため、リリーフに徹して強い3代目を育成

必要以上に領国を拡大せず、着実に力を蓄えた2代目。優れた人物を積極的に家臣に登用。息子の氏康に期待して教育に力を注いだ。

【三代】北条氏康

戦国武将で5本の指に入る実力。北条5代のピーク

約3か国から、6か国へと領土を広げた実力者。謙信や信玄をも撃退。それでも天下を狙わず、関東6か国の基盤を固め、領国経営に力を注いだ。

【四代】北条氏政

父の遺言を無視! 孤立無援となり、家を滅ぼす原因に

「上杉に関わるな」という父の遺言を守らず、上杉のお家騒動に参戦。結果的に孤立無援に。時流が読めず、秀吉に抵抗するが、攻められ、切腹。

【五代】北条氏直

北条氏最後の当主。小田原落城後、命は助けられる

実権は、父の氏政が握っていた。小田原征伐の際、自分の命と引き換えに将兵の助命を願う。氏政は切腹、氏直は高野山へ配流。

野心を次々、実現した茶聖・千利休の生き方

千利休（1522－1591）茶人。商家に生まれ、茶道を学ぶ。信長、秀吉に仕え、〝秘書官〟としても活躍。わび茶を完成させ、〝茶聖〟と称される。70歳で切腹。

■自分の将来に投資し続けた

千利休《せんのりきゅう》（法名は宗易《そうえき》）と言うと、枯れすすきの中にある質素な茶室で、静かに茶をたてる隠者のイメージを抱く人が多いでしょう。

しかし、利休を〝茶聖〟と崇めるだけでは、彼から何も学べません。利休が生きたのは戦国時代です。好きなことにだけ打ち込む趣味人が、出世できるほど、呑気な世の中ではなかったのです。

彼がいかに努力して、ついには秀吉の参謀的な地位にまで出世できたのか――。

そもそも若き日の利休は、〝豪商〟ではありません。堺で商売を始めたのは、父

の代からであり、すでに豪商は何人もいて、利休の家は中堅クラスでした。19歳で家を継いだ彼は、商売だけでは出世することが難しい、と痛感したのでしょう。

利休の心を捉えたのが、村田珠光《じゅこう》という室町時代を代表する茶人でした。

珠光は低い身分の出身ながら、茶道で出世し、ついには将軍家に出入りするほどの立場になりました。利休も、茶の道で身を立てることを考えます。茶道は商人が商談で使いますが、密談に最適なので、武将たちにも好まれていました。茶会には、「茶頭《さどう》」という指南役が必要です。

利休は徹底的に、茶道に打ち込みます。誰にも負けない専門家になるため、諸流派をひとつずつ研究したのです。「闘茶」という利き茶による博奕まで、彼は経験しました。

また豪商たちは、茶器のコレクションは凄いが〝目利き〟が弱く、専門の鑑定家を雇わないと、善悪《よしあし》がわかりません。でも、利休は自分自身で目利きができるように、茶器や掛け軸を見る目も養いました。偽物に大金を払う失敗をしても、とにかく自分の将来に投資を続けたのです。

その努力は、やがて報われました。〝茶道政治〟――茶の湯を政治に利用した織田信長が上洛し、利休は高い評価を受けます。

■最初の動機は不純でもいい

信長が本能寺の変で急死したあと、秀吉の天下になっても、利休はさらに出世し、豊臣政権の外交官まで務めます。人との出会いを大切にし、豊臣政権と伊達政宗や徳川家康、島津義久・義弘兄弟との仲介にも、ひと役買いました。

一方で、一期一会を大切にしない相手には、厳しい仕打ちをしました。ほかの相手との茶会の前に、利休の家に立ち寄った人物をご馳走攻めにして、本命の茶会に遅れさせたりしています。ひとつの茶会に集中しない、その人の気持ちが許せなかったのでしょう。

ただ、利休は晩年、権力に慢心した面がありました。秀吉の怒りも買っています。

とはいえ、利休のように、たかが茶道とはいわず、好きなモノに徹底的に取り組めば、それが大きな武器になるのは確かなこと。最初の動機は、何でもいいのです。

打ち込むうちに、その好きなモノが自分自身を成長させてくれるはずです。

ただ、一つの道を極めても、おごり高ぶりにはご用心、ご用心。

1522
1歳

堺の商家に生まれる。家業は納屋衆といわれた

堺で海産物を扱う商家に生まれた。倉庫業を営む〝納屋衆〟であったとの説もある。ちなみに秀吉は、利休より14歳も年下。

1540~
20歳前後

茶道で身を立てようと茶を習い始める

低い身分から天下の茶人に出世した、村田珠光に憧れる。自らも茶の湯で身を立てようと、珠光の茶を継ぐ茶人・武野紹鷗に弟子入り。

1550~
30代

ひと口に茶道といっても諸流派ある。勉強の日々

当時、茶の湯は諸流派が乱立している状態。天下一の茶人をめざすため、利休は新旧を問わず、片っ端から身につけるべく勉強。

利休が手に入れた力

先見力

利休の時代の少し前、僧侶の下僕だった村田珠光が、茶道をひと筋に極めた結果、天下一の茶人にまで出世した。利休の周りには、自分以上の豪商ばかり。そこで、茶道で身を立てることを決意。茶の湯は武将同士の密談にも使われ、有力大名に仕えれば出世できると確信。

利休が手に入れた力

失敗力

標準的な茶道に飽き足らず、利休は違う流派の茶道も次々と研究し、いいものは取り入れた。また、茶器の目利きが弱い豪商たちに差をつけるため、必死で鑑定力も磨く。その際、一休禅師の書だという偽物の掛け軸に、大金を払うなど、何度も失敗しながら学んでいった。

▶ なぜ千利休は権力を手にできたのか②

1570　49歳

織田信長が京都に進出。この人ならチャンスが！

「茶道政治」と呼ばれるほど、茶の湯を活用した信長。彼の上洛で、利休の出世の道が開く。しかし、まだ3番目の茶人の扱い。

1582　61歳

秀吉の天下に。即戦力として利休はついに「茶頭」に！

信長の死後、秀吉が天下を取る。彼は利休を茶人としてだけでなく、外交も任せられる即戦力の〝秘書官〟に起用。願いが叶った。

1591　70歳

秀吉の逆鱗に触れ、切腹に。死して「茶道」を残した

大徳寺の山門に木像を置いたことを無礼として、秀吉は激怒。しかし、利休は謝罪せず、ついに切腹。死して、己れの茶道を残した。

利休が手に入れた力

出会う力

いくら茶道のスキルを磨いても、それを高く評価してくれる主人に出会えなければ無価値。その意味では、茶道を重視する信長や秀吉に出会えた縁を、利休は大切にした。また徳川家康や伊達政宗など名将達と、天下人との会合にも同席。彼らの相談にも乗り、親交を深めた。

利休が手に入れた力

権力

当時は武将同士の本格的な対面の前に、商人や僧侶が下交渉をしていた。豊臣政権の“秘書官”を務めた利休は、「内々のことは利休に相談しろ」と言われるまでの権力を得る。そのため利休も慢心し、大きすぎる権力に自ら押しつぶされた面も。

秀吉と天下を争った猛将・柴田勝家の強さと弱さ

柴田勝家（1522?－1583）織田家の筆頭家老。信長に忠義を尽くした戦上手。信長の〝天下布武〟を補佐した。信長亡き後は秀吉に攻められ、北ノ庄にて自害。享年、62と伝わる。

■〝鬼柴田〟と恐れられた男

柴田勝家は織田家の筆頭家老として、信長の天下統一に貢献した武将です。戦場では〝鬼柴田〟と恐れられ、家中では丹羽長秀、滝川一益、明智光秀、羽柴秀吉らより上席でした。

もともと勝家は、信長の弟である信行《のぶゆき》（信勝《のぶかつ》とも）の家臣。当主の座を狙う信行に従って、信長と戦っています。しかし、合戦で信長の器量の大きさを知り、頭を丸めて降伏しました。敵だったにもかかわらず、のちに筆頭家老を任されるのですから、信長の勝家への信頼の大きさが伝わってきます。

勝家は信長の配下となり、能力と忠誠心を示し続けました。とはいえ、ただ信長におもねっていたわけではありません。

こんなエピソードがあります。信長から合戦の大将を命じられた時、勝家は渋り、断《ことわ》ります。それでも強引に引き受けさせられ、退出しようとしたところ、勝家は信長の近習《きんじゅう》とぶつかりました。ところが、相手は詫びることなく立ち去ろうとします。勝家はこの近習を、その場で一刀両断！

信長は近習を殺され、激怒しました。しかし、勝家は毅然といいます。「私に威厳がなければ、誰も命令には従いません」と。腕に覚えのある連中ばかりの、織田軍を率いる以上、信長と変わらないほどの権限がないと、大将は務まらない、と主張したわけです。これには信長も、なるほど、と認めざるをえませんでした。

大将となった勝家は、難敵を次々と打ち倒し、荒くれ者の部下達からは「親父殿」と慕われます。信長と、長男の信忠が本能寺の変で死ななければ、勝家の筆頭家老の地位は安泰だったでしょう。

■将来を予測し、全体を見回し、戦略的な決断を下すには？

男気があって、真面目で、指揮能力が高いという勝家の強みは、戦場で真価を発揮します。半面、政治や外交能力を軽視する弱みを生み出しました。将来を予測し、全体を見回し、戦略的な決断を下すのが、彼には苦手だったようです。

その弱みを突かれて、信長亡き後は秀吉に先手を取られます。光秀を先に討たれ、自分の推した信孝（信長の3男）を織田家の当主にできず、盟友の前田利家にも裏切られて、賤ヶ岳で敗れます。信長の死を天下取りの好機と捉えて、攻め続ける秀吉に周りの人々はついていき、後手後手になった勝家からは離れていきました。

勝家には、自分と同じ猛将タイプの部下は数多くいましたが、外交や戦略など苦手な部分を補う参謀がいませんでした。それを弱みと客観的に捉えて補おうとする姿勢が、彼には足りなかったといえるでしょう。

意識しないと、周りに同質の人間しか集まってこず、物の見方や考え方が偏《かたよ》ったり、狭くなりがちなのは、現代に生きるわれわれにも通じる話です。

出世は、自分の強みである程度実現できますが、それなりの立場になれば、上司として総合力が求められることを、肝に銘じたほうがいいかもしれません。

六角軍に攻められ籠城。
水を断たれてピンチに

大軍に包囲された城中で、勝家は全兵に水を飲ませた後、最後の水が残った瓶を叩き割る。「水はもうない。勝つか死ぬかだ」と兵の士気を高め、大逆転勝利。後世に「かめ割柴田」とあだ名される。

強み を発揮！ **「動じない力」で兵士たちを鼓舞！**

1580

1570

1566

立身出世へスタート

信長の弟に仕える

加賀国を平定。
前田、佐久間らを従え連戦連勝

数十年も宗教集団に支配されていた加賀を、勝家は制圧。猛将の前田利家や、一騎当千の佐久間盛政など、武闘派からは「親父殿」と慕われて快進撃。最強といわれる上杉軍団とも、互角に戦った。

強み を発揮！ **「人望力」で荒くれ者たちを束ねる**

信長の弟に仕え
信長と戦うも
連戦連敗…

非常識な言動で“大うつけ”と侮られていた信長。弟・信行を当主にするため、兵を起こす勝家だが、完敗。合戦上手の自分を打ち負かした器量を認め、潔く降伏して、その配下になった。

強み を発揮！ **「人を見抜く力」で信長の器を見抜く**

▶ 柴田勝家のあと一歩及ばなかった人生年表

NO.2まで
登りつめる

信長の
筆頭
家老に

1582

本能寺の変が勃発!
仇を秀吉に
先に討たれる

上杉景勝と交戦していた勝家。秀吉よりも京に近かったが、「光秀はいつでも討てるから、織田の領土を守るため、戦線の維持が大事」と反転せず……。天下を狙う秀吉に、先を越された。

弱みを露呈 **先の先を読む秀吉に後れをとった**

1583

決戦!
賤ヶ岳の戦いで
秀吉に敗れる

いざ決戦の場面で、前田利家が寝返って戦線を離脱。陣形が乱れ、柴田軍は崩壊。今まで通りに、味方は従うものと信じていた勝家は、隙を突かれた。愚直さが裏目に……。

弱みを露呈 **黒田官兵衛のような軍師がいなかった**

秀吉に
敗れ
自害

力足りず
力尽きる

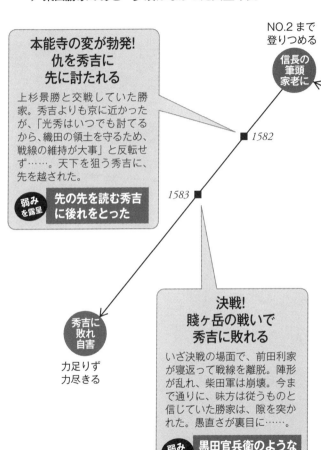

他人にも自分にも誠実に生きた石田三成流・成功哲学

石田三成（1560－1600）豊臣政権の五奉行のひとり。計数能力に優れ、秀吉の天下統一に貢献した。秀吉の死後、天下を狙う家康と、西軍を率いて戦うが敗死。享年、41。

■真正面から他人と向き合った男

西軍を率いた石田三成は、関ヶ原で東軍の総大将・徳川家康に負けたため、江戸時代には幕府に〝悪名〟を広められてしまいました。

最近になって、ようやく実像が明らかにされはじめました。それでも三成のイメージは、頭はいいけれど人望がない、合戦も下手。尊敬できる武将で、名前を挙げる人は少ないようです。

しかし、そんな表面だけ見て終わらせるのは、もったいない。彼から学ぶべき部分はたくさんあります。

その最たるものが、誠実さ。つねに、いつわりなく、まじめに人に接し、仕事にも取り組みました。その結果、人もお金も出世も引き寄せたのです。

そもそも三成は、抜群に頭がいい。計算をさせたら、日本一の武将でしょう。秀吉の九州征伐、北条攻め、そして朝鮮出兵では10万、20万の兵を動かしています。

当然、彼らへの食糧、武器弾薬などを行き渡らせる壮大なプランと、緻密な計算式が求められました。それをやってのけたからこそ、三成は秀吉の、第一の側近となったのです。

ところが三成は、実際に戦場で采配を振るうのが苦手でした。平均的な武将以下の能力しかない。しかし彼はそこで、「知恵で役に立つから問題はない」と開き直ったりはしませんでした。天下人の秀吉に仕えている以上、武勇でも貢献したい、と三成は誠実に考えたのです。

自分の弱みを補ってくれる武将を、家臣にする努力を惜しみませんでした。その代表格が猛将・島左近です。当時、「三成に過ぎたるもの――」と揶揄《やゆ》されたほどの武将でした。

とはいえ、三成は左近をスカウトする際に、駆け引きは使いません。自分は合戦が下手だから、力を貸してほしい、と誠実に頭を下げる。左近の勇名の効果もあって、次々と一騎当千の〝兵《つわもの》〟が、三成の下に集まってきました。

彼らはみな、三成の誠実な男っぷりに惚れたのですね。あの黒田官兵衛ですら、〝二十四将〟と呼ばれる荒くれ者を御すのに、「お前たちは我が子だ」とおべんちゃらを用いています。

でも、三成は人と接するのに〝計算〟をしたりはしません。誠実一筋です。そのため、彼の魅力がわかる人物とは、心底から打ち解けることができました。

■それでも敵が増えていった裏事情

ただ、誠実さは、使い方によっては裏目に出ます。三成の場合、職務に忠実なあまり、相手を正論で責め、何人もの敵をつくってしまいました。

また、物事の形式にこだわるために、勝機を逃すこともしばしば……。

たとえば、秀吉の死後、家康がわずかな兵で大坂城下に泊まったときのこと。夜霧も出て、奇襲には絶好の機会だったにもかかわらず、三成は思いとどまってしまいます。卑怯なマネは、したくなかったからです。

関ヶ原の前夜も同様です。歴戦の武将達が、夜襲を何度も提案したのに、三成は「夜襲は少人数で大人数に挑む戦法である」と退けました。真正面からの決戦で、堂々と勝つことに、彼はこだわっていたのです。

でも、武将達からすれば、「弱いヤツが何をエラそうに――」と腹が立ちました。三成はそうした感情を、上手《うま》く操縦できません。

結果、人数でも陣形でも有利だった〝天下分け目〟の戦いで、裏切り者を多く出し、敗れることになってしまったのです。

「誠実さ」はもちろん必要です。ただし、三成を反面教師にすることも忘れずに。そうすれば、あなたの〝関ヶ原〟では、裏切り者は出ないはずです。

1560	1574	1587
1歳	15歳	28歳

近江の国で生まれる。生家は土豪といわれた

近江の石田村で、土豪の次男として生まれる。秀吉と寺で会ったので、武士ではなく〝坊主〟といわれたのは徳川時代に作られた話。

秀吉に見い出され家臣に加わる

寺で勉強していた際、領内を視察中の秀吉と出会う。相手を気遣ったお茶の出し方に感心した秀吉は、すぐに家臣団へと加えた。

大坂城で開かれた茶会で運命の出会いが

武将が回し飲みをする茶会で、皮膚病の大谷吉継の飲んだ茶碗には誰も口をつけない。が、三成はその茶を飲み干したという。

誠実力で成功①

媚びは売らない!豊臣秀吉の心をつかむ

喉が渇いている秀吉に、最初は大茶碗にぬるいお茶、次は中茶碗に少し熱めのお茶、最後は小さな湯呑に熱いお茶を差し出した三成。相手に必要なものを差し出す才覚を買われて、豊臣家に。しかし、媚びは売らない。秀吉が愛した茶道さえ、つきあい程度にしか嗜まなかった。

誠実力で成功②

人を差別しない!大谷吉継を感激させる

皮膚病の大谷吉継の飲んだ茶を飲めば、自分も感染すると周囲が恐れる中、三成は躊躇なく飲み干した。その態度に吉継は生涯の友情を誓う。関ヶ原の際も、「おぬしは大将になるな」とアドバイスを送り、毛利輝元を立てたから西軍は東軍を上回る兵力になった。

1590 31歳

小田原城攻めに参加。しかし忍城が落とせない

北条攻めで、3000人が守る忍城を2万で攻めた三成。ところが作戦の失敗もあり、小田原城が降伏するまでに落とせなかった……。

1598 39歳

朝鮮出兵のとりまとめ役として武将たちを評価

朝鮮で戦う武将達の、査定役となる三成。加藤清正や小早川秀秋らの失敗を、そのまま秀吉に報告。密告野郎と総スカンされる。

1600 41歳

家康と天下分け目の決戦。裏切りによって敗れる

家康から豊臣家を守るため、西軍を指揮するが、裏切りもあって敗退。賊軍の将として捕らえられ、六条河原で処刑された。

誠実力で成功③

力を貸してほしい! 島左近を本気にさせる

兵站・補給に関しては優秀だが、実際の合戦は下手な三成。弱点を補うために猛将や、一騎当千の武者をスカウトする。その際も駆け引きをせず、「合戦が不得手な私に、力を貸して欲しい」と正面から頭を下げた。名将の島左近も、"助け甲斐のある主君"と身を任せた。

誠実力で成功④

50万石を辞退します! 自分のことより秀吉のため

秀吉の側近となっても、決して私服を肥やさない。給金さえ忠勤に励むために使って、生活は質素倹約。小早川秀秋が秀吉の逆鱗に触れ、50万石の領地が空いた。その際、秀吉は三成に与えようとしたが、「九州では京·大坂に遠く、良いお勤めができません」と辞退している。

93歳まで生きて真田家を守った真田信之の「サバイバル力」

真田信之（1566－1658）信濃松代藩の始祖。真田昌幸の嫡男。関ヶ原合戦の際、父、弟と別れて徳川方を支持。大坂の陣の後、松代13万石に加増された。享年、93。

■自分の判断で行動することができた理由

真田信繁の兄・信之《のぶゆき》（初名は信幸《のぶゆき》）は、家康を手玉にとった知恵者の父・昌幸や、大坂の陣で獅子奮迅の活躍をした弟・信繁に比べて、派手なエピソードがないこともあり、知名度が低い人物です。

しかし信之も、父や弟に劣らず有能な武将でした。最後まで弟・信繁が徳川家に弓を引いたにも関わらず、信之の働きにより、真田家は幕府から領地を倍増されています。

しかも、「人間50年」の時代に、93歳まで長生きした信之。さらにいえば、彼は亡くなる間際《まぎわ》まで、もうろくしていません。これは本当の意味で、心身ともに健康でなければ不可能だったでしょう。

真田家の長男である信之は、10代半ばまで、武田家で武将としての教養や嗜みを身につけました。しかし、武田家は織田信長によって滅ぼされ、主《あるじ》を失った真田家は四方を大大名に囲まれ、危機に陥ります。

信濃の小豪族ゆえに、織田、北条、上杉と次々に主を変える昌幸。生き残るために必死な父の姿を見た信之は、嫡男である自分も真田家を命がけで守ろうと強く決意しました。

しかし自分には、とても父・昌幸のような謀略の才はない。策謀や一か八かの戦い方は、父や弟に任せ、自らは最も手堅く生き残れる方法を考え、実行すると決めたのです。

これは信之が優秀だったからこそ、自分の特性を理解し、最適の方法を選んだといえます。ふつうは父や弟に嫉妬し、同じやり方で対抗しようとするものです。

信之は合戦でも、手堅さを発揮。攻めてきた上杉軍や北条軍を追い返し、徳川軍7000（8000とも）を、2000（3000とも）の兵で撃退した「第一次上田合戦」でも、見事に昌幸を補佐しています。

さらに、関ヶ原では西軍につく父と弟と別れて、徳川方に味方をし、真田家を滅亡から救いました。

■競争社会の今こそ信之の生き方は模範に

信之の強みは、その割り切り方にありました。自分には、真田家と家臣を守る役割がある。自身の名声などは、どうでもいい。心の底からそう思い、自らの役割に彼は徹しました。

1歳年下の弟・信繁は、徳川を倒すという夢を追い、大軍勢を敵に回して華々しく戦い、散っていきました。

そんな信繁を妬むわけでもなく、むしろ頼もしく見守りながら、一方で後始末をしっかりして、自分は真田家を守ったのです。

この信之の「割り切る」という行為は、簡単にできることではありません。ある意味、自分はこの程度だと見切りをつけるわけで、自らを納得させるのは難しいことでしょう。

▶割り切って成功した真田信之の生き方

信之の生き方① 理想の自分は弟に託す

信之は、自身の使命を、真田家を後世に残すことと決め、武士として華々しく戦う“理想”は、弟の信繁に託した。次男である信繁が、徳川相手に獅子奮迅の活躍を見せるのを痛快に思いつつも、自分は粛々と嫡男としての使命を全うした。

信之の生き方② 本心から割り切る

信之は自分の人生に対して、本心から割り切っていた。ムリやり自分に言い聞かせても、心の中の不満を抑え込むことはできない。信之の割り切りには、一点の曇りもなかった。

信之の生き方③ 人に学んだ

武将には、合戦での得意不得意がある。真田昌幸、徳川家康、本多忠勝などの名将と接した信之は、堅実な性格の自分に合うものだけを取り入れた。

信之の生き方④ 誰に対しても誠実に生きる

誠実な信之は、義父の本多忠勝にも信頼され、関ヶ原後の真田父子の助命嘆願に全面協力をしてもらえた。3代将軍・家光は、乱世を生き抜いた信之の合戦話に耳を傾けた。

信之の生き方⑤ 父・昌幸と競わない

信之は父の昌幸の偉大さを認めつつ、自分は別の道を進むと決めた。謀略の才を磨くのではなく、誠実に。天下に大望を抱かず、堅実に。その選択が結果として、真田家を幕末まで残し得た。

渋々割り切ったとしても、それはストレスとなり、ひがみや嫉妬となって、人々の信頼を損なうことに。

信之からは、そんな雑念が一切伝わってきません。策を弄《ろう》さず、大言を吐かず、誠実に人と向き合いました。

実際、義父の本多忠勝に大いに信頼され、忠勝は家康に直談判して真田家を残すよう働きかけています。

競争社会の今、信之の割り切った生き方は模範となります。派手さはなくとも、穏やかに、誠実に生きる方法は一考に値すると思います。

忠臣蔵の立役者・堀部安兵衛に学ぶ「やり遂げる力」

堀部安兵衛（1670－1703）赤穂浪士四十七士ナンバーワンの剣客。高田馬場の決闘で名をあげ、赤穂藩浅野家に仕官。吉良邸討ち入りの精神的支柱を果たす。享年、34。

■堀部安兵衛の「求心力」の秘密

堀部安兵衛《ほりべやすべえ》は、「忠臣蔵」の立役者です。彼なくして、討ち入りの成功はありえなかったほどの人物。ただし、高田馬場の決闘で「18人斬った」逸話や「大酒飲み」という姿は、ことごとくがフィクションです。史実の彼は下戸《げこ》でした。

そもそも彼は、赤穂藩浅野家の生え抜きの家臣ではありません。いわば〝中途採用組〟。牢人だった安兵衛が25歳のとき、高田馬場の決闘で、その名が全国に広まりました。その結果、赤穂藩浅野家に200石取りで召抱えられたのです。

ところがわずか7年で、彼は再び牢人に逆戻りします。主君の浅野内匠頭長矩《ながのり》が、江戸城内で吉良上野介義央《きらこうずけのすけよしひさ》に対し、刃傷沙汰を起こしたためです。浅野家は、取り潰しの憂きめに遭いました。「吉良を討つべし」と最初から主張し続けたのが、安兵衛です。リーダーの大石内蔵助はお家再興に注力し、討ち入りを決めたのは浅野家が潰されて1年以上経ってからでした。

元藩士は約300人。彼らの多くは苦しい生活や、命惜しさを理由に去っていきました。にもかかわらず、47人が討ち入りに参加したのは、安兵衛が「このままでは武士の面目が立たない」と、ブレずに元藩士たちの求心力になったからです。

彼が「江戸にいる連中だけでも決行する」と言い出したときには、大石は慌てて京都から説得に、5人ほど派遣するのですが、安兵衛の熱意とブレない考えに、5人が逆に説得され、安兵衛派についたほどでした。

安兵衛は、損得では動きません。やるべきことをやり抜こうとする彼の姿勢に、人は心を動かされるのです。

■腹を括ることで揺さぶりをかける

安兵衛の熱意は、庶民にも伝わりました。喧嘩両成敗のはずなのに、浅野家だけを潰したのは不公平で、可哀想だという世論が高まったのです。

それは幕府をも動かします。幕府が本気で吉良家を守れば、浪士達が上野介の首をとるのは困難でした。しかし、江戸に続々集まる赤穂浪士を取り締まることもなく、幕府はあえて見逃しました。そのうえ、吉良家と関係の深い上杉家に対しては、高家の畠山美寧《よしやす》を遣わし、浪士たちへの仇討ちを禁じたのです。

舞台は整いました。12月14日（12月15日未明）、吉良邸に討ち入り。上野介が隠れていた小屋を、警護していた侍を斬ったのは安兵衛です。

最後までやり遂げた彼は、武士の鑑と惜しまれながら、34歳で切腹。もし安兵衛がいなければ、討ち入りの人数はもっと減っていたでしょう。実現しなかったかもしれません。

皆さんも、正しいと思っていることがあるはずです。これだけはゆるがせ（おろそか、なおざり）にできない事が――。

しかし、最初は意気込んでも、ルールや前例にはね返され、最後は長いものに巻かれて……。譲れないものがあるなら、腹を括って主張してみてはどうでしょうか。

あなたの周りに同志が集まってきて、応援してくれるかもしれません。

1670

1歳

越後国新発田藩家臣の長男として誕生

安兵衛は越後国の新発田《しばた》藩の出身。藩主・溝口氏の家臣で、中山家の長男として生まれた。知行200石取りの名門の家。

1688

19歳

失火の責任をとって父が藩を追われ牢人へ

安兵衛が14歳のとき、父が見廻り当番だった夜に、城の櫓で火事が起きる。責任を問われた父はリストラされ、牢人の身に。

1694

25歳

高田馬場の決闘！叔父の助太刀で参加

19歳で江戸に出てきた安兵衛は、道場の門下生と義理の契りを結ぶ。彼が決闘をする際、助太刀して大活躍。大いに名を上げる。

必ず家を再興する！剣の腕を磨き四天王に

中山家の再興を誓って、江戸に出る安兵衛。堀内道場で腕を磨き、四天王に数えられる存在になるが、武術だけでは仕官の道はない。そんなおり、義理の叔父、甥の関係を結んでいた菅野六郎左衛門が、決闘すると聞く。助太刀として参加したことで、その後、道が開けることに。

「18人斬り」で大評判に！仕官の話が続々と舞い込む

泰平の世で、武士らしい決闘が江戸中の話題になる。実際は3人だが「18人斬った」と安兵衛の評価は鰻上り。各藩から、仕官の話がきた。安兵衛が望む「中山家」再興の条件をのんだ赤穂藩の、堀部家に養子として入る。義父・弥兵衛の心意気にうたれ、「堀部姓」を承諾する。

▶ 最後までやり遂げる力で人生突破した堀部安兵衛

1697　28歳

赤穂藩の堀部家に養子に。200石取りでリベンジ成功

勇名をはせた安兵衛に、仕官の話が殺到。熱心だった赤穂藩の、堀部家の養子に入る。知行200石に戻って、父の無念を晴らした。

1701　31歳

藩主が「松の廊下」で刃傷に及ぶ。赤穂藩断絶の危機

浅野内匠頭が松の廊下で、吉良上野介に斬りかかる。将軍は激怒し、赤穂藩は取り潰し。安兵衛は再び、牢人の立場に逆戻り……。

1703　34歳

吉良邸に討ち入り！敵を討ち、切腹となる

〝松の廊下〟から1年9か月後、赤穂浪士と共に、安兵衛は吉良邸に討ち入り。宿願を果たし、約2か月後に幕府の命で切腹した。

討ち入りなんて無謀…周りの説得の声に一切耳を傾けない

藩主が庭先で切腹させられたのに、吉良はお咎めなし。これは不当な裁きだ、と安兵衛は激昂。無謀だと言われても、元藩士の手で、吉良の首を挙げるの一点張り。損得ではなく、武士の面目を立てることが目的なので、その純粋さに周囲も説得される。ついに、討ち入りへ。

戦い慣れた安兵衛のアイデアで敵を討って圧勝

討ち入り前、安兵衛は「腰紐に鎖を巻け」と指示。高田馬場の決闘の際、腰紐を斬られ、袴がズルズル下がり、足に絡まった経験からのアドバイス。結果、吉良側が死者 15人以上、負傷者が 20 人を超えたのに対し、赤穂側は負傷者2人のみ。吉良も討って圧勝した。

田沼意次の「先見力」は何に裏打ちされているのか

田沼意次（1719－1788）江戸時代中期の政治家。わずか600石から、相良藩5万7000石の大名に大出世。大名家に生まれずに、老中になった異例の人物。享年、70。

■キーワードは「人に意見を聞くこと」

歴史の授業で、田沼意次《おきつぐ》を賄賂まみれの汚職政治家と習った人も多いでしょう。しかし、それだけで彼のことを片づけてしまうのは、非常に惜しいことです。なにしろ田沼は、極めて先見性の高い優秀な人物でありましたから。

明治時代になって着手された近代化のうち、それより約100年前に、すでに彼がやろうとしていたものは、1つや2つではありません。

しかも、田沼は低い身分から這い上がった人物です。合戦もない時代に、紀州の足軽の息子から、幕府の最大権力者にのし上がりました。彼には学べる、「生きる力」

のヒントはたくさんあります。なぜ、田沼は卓越した先見性を持ち、大出世をとげられたのか。そのキーワードは、人の意見をよく聞く、ということでした。

■田沼が新しい視点を持てた理由

その前に、田沼が生きた時代背景を説明しましょう。当時は江戸時代も150年以上続き、幕藩体制が組織疲労を起こしていました。

平和が続き、刺激もなく、インフレのために武士は、慢性的に貧しい生活を強《し》いられていました。100年以上前の江戸初期に定められた給料が、ほとんどそのまま。まともにやっていたら、生活が成り立たない状況は、現代の行き場のない閉塞感とも似ていますね。

そうした時代の中、田沼は8代将軍・吉宗に目をかけられ、9代将軍・家重《いえしげ》の小姓になり、そこから異例の出世を遂げ、老中にまで上り詰めます。沈滞した日本のため、田沼が打ち出した政策は、幕府体制をひっくり返すようなものでした。

「米中心の経済から貨幣経済に移行」「商売を奨励して商人へ課税」「蝦夷地を開拓して農地を増やす」「蘭学を奨励する」……。どれも、商売は汚らわしいとか、海外のことは鎖国でご禁制、と考える武士の中からは出てこない発想です。では、なぜ田沼にはそれができたのでしょうか。彼の強みは、人の意見をよく聞いたことです。

最大権力者でありながら、身分にかかわらず誰とでも会い、多様な意見に耳を傾けました。発明家の平賀源内《ひらがげんない》と親しかったのは有名な話です。意見を聞いてくれるので、彼の屋敷には朝5時から面会を求める客が列をなしました。

人は、経験を積めば積むほど、自分の考えに知らず知らず固執して、他人の意見を聞かなくなるものです。が、田沼は違いました。

結果、一時的に幕府の財政は潤い、蝦夷地《えぞち》（現・北海道）の開拓が進めば、幕府の収入は2倍以上にもなる計算でした。改革が進み、幕府が強くなれば、明治維新の歴史は変わったかもしれません。

ただし、打ちつづく天災に加えて、改革を急ぎ過ぎた田沼は、足元をすくわれ、ついに失脚してしまいます。最近、頭が固くなっているな、と感じている読者は、田沼の柔軟性と人の意見を受け入れる姿勢に、見習うことを心掛けてみてはいかがでしょうか。

▶ 田沼意次の強みは他人の意見を聞く力にあった

実績の多くは人から聞いた話だった

田沼は広く門戸を開き、多くの意見を求めた。そのひとつが仙台藩医師の『赤蝦夷風説考』という研究書。蝦夷地（現・北海道）を守らないとロシアに攻められると知り、田沼は調査団を派遣し、蝦夷開拓のプロジェクトを組んだ。

他人の意見を聞くと……

情報が厚くなり精度は増す

情報のルートが限られると、全体像が見えない。多方向から情報収集する田沼は、全体を把握でき、精度も増す。現代でも取引先 A 社の担当者からしか情報を得なければ、「A 社に不都合な情報」は入らず、大損するリスクも……。

他人の意見を聞くと……

どんどん意見が集まる

意見を聞いてもらえるとわかれば、我も我もと多様な意見が集まってくる。しかも、田沼は幕府の予算を削り、将軍の私生活にかかる費用も大幅に減額。そこまでやるぞ、というサインで下の者も、斬新な意見を出しやすくなった。

他人の意見を聞くと……

「加点主義」で優秀な人材が

単に、耳を傾けるだけではない。田沼は優秀な人材を身分や家柄に関係なく、登用した。経済の改革案を評価して、地方奉行から幕府の勘定奉行に昇進させたり、"鬼平"こと長谷川平蔵を火付盗賊改方に任命している。

水野忠邦の失敗に学ぶ「上に立つ者」の心得

水野忠邦（１７９４－１８５１）12代将軍・徳川家慶時代の筆頭老中。鎖国策の限界に、早くから気づいていた。天保の改革を手がけるが、急ぎすぎて反発を招き、失脚。享年、58。

■強烈な上昇志向の果てに

本書で水野忠邦《ただくに》を取り上げることについては、歴史に詳しい人ほど、アレッと思うかもしれません。たしかに、忠邦は「天保の改革」を〝失敗〟した人物として、後世に名前を残しました。

しかし、彼の前半生はめざましい出世ぶりでした。国を憂い、理想を抱いて、当時の最高権力者まで上り詰めたのです。その上昇志向は、われわれも学んだほうがいいでしょう。ただし、問題は上に立ってから。ここで進路を間違えると、それまでの努力が台無しになりかねません。水野忠邦に関しては、人生の前半を見習い、後半を反面教師にする意識で、学んでみてください。

本来、江戸時代の武士は出世することが難しい。戦国時代のように合戦がないので、手柄を立てる場面がなかったからです。しかし、19歳で唐津《からつ》藩主になった忠邦は、自ら老中になって、国政に関わりたい、と強く願っていました。そこで、幕府の上層部に対して、いわゆるロビー活動を展開。まずは奏者番《そうじゃばん》という武家の礼式を執り行う役職につきます。

本来なら忠邦の出世は、そこで打ち止めです。なぜならば、唐津藩主には代々、長崎警護役という重要な役目がありました。そのため、老中にはなれない取り決めでした。現代でも、県知事が総理大臣を兼任できないのと同じです。

ふつうならあきらめてしかるべきなのに、忠邦は発想を逆転します。長崎警護をやめて、唐津から浜松へ領地を替えてほしい、と願い出たのでした。

家臣は猛反対。海外貿易の地で、豪商ともつきあえる長崎警護は、実にオイシイ役目でした。他藩に比べて、唐津藩の実収入は多い。そんな役目を捨てて、忠邦が老中になりたいだけの目的で、浜松へ……。その執念が認められ、大坂城代《じょうだい》、京都所司代《しょしだい》と出世した忠邦は、ついに30代前半に念願の老中になることができました。

■正論を主張するだけでは、理想は実現しない

　では、筆頭老中となった忠邦が取り組んだ天保の改革が、なぜ失敗に終ったのかを見ていきましょう。改革の中でも代表的な、「質素倹約、奢侈《しゃし》の禁止」と「上知令《あげちれい》」の2つを取り上げてみます。

　忠邦の時代は、歌舞伎や浄瑠璃、浮世絵、読み本などが成熟していました。文化が庶民の生活の、ストレスを解消させていたのです。

　ところが忠邦は、庶民が贅沢をするから風紀が乱れると、この娯楽を弾圧してしまったのです。人形浄瑠璃や役者の浮世絵など、人気のエンターテインメントを禁止して、質素倹約を強制しました。夕涼みしながら、縁台で将棋を指すことすら取り締まりました。不満のはけ口を失った庶民は当然、忠邦を恨みます。

　でも、これは予想のつくことでした。なぜなら忠邦は、唐津藩主時代にも、領民に質素倹約を強《し》いて失敗した前歴があったからです。が、命令に従わない相手が悪いという思考のため、彼は同じ失敗を国政レベルで繰り返したのでした。

　2つめの上知令は、天下の悪法として忠邦の評判を落とすことになりました。

江戸の十里（40キロメートル）四方、大坂の五里四方を、幕府の直轄地にして管理しようという内容。そのエリアに領地を持つ大名や旗本には、強制的に国替えをさせようとしたのです。

忠邦はアヘン戦争で、清がイギリスに負けたことを知っており、日本の国防のために、このアイディアを提案しました。でも、人の心を無視した命令なので、猛反対にあって、自らの失脚の原因となってしまったのです。

もちろん、忠邦には功績もありました。たとえば、西洋流砲術の大家である高島秋帆《しゅうはん》を幕府に招き、最新の砲術の演習を行わせました。勝海舟や桂小五郎、坂本龍馬が学んだ砲術の開祖です。

忠邦は頭がいいし、志も高かった。でも、いまも昔も正論を主張するだけでは、周囲を動かし、仕事が進むことにはつながりません。

理想をどう具体化するのかの、現実的な計画と、周囲を納得させる気遣いや根回しが必要でした。まずは忠邦のように、ギラギラと上昇志向を持って、必死に仕事に取り組む。同時に自分が上になったらどうするか、のイメージを、思い描くことが大事です。後半の忠邦を、われわれはよき反面教師としたいものです。

1794

唐津藩主の次男として誕生。1812年に家督を相続

唐津藩（現・長崎県唐津市）藩主の次男に生まれる。海外貿易が盛んで、実入りの多い豊かな藩。兄が早く亡くなってしまい、19歳で当藩に。

1815

猟官活動の結果、奏者番に出世

国政を司る老中になりたい、と幕府にＰＲ。武家の礼式を執り行う奏者番に任命。だが、長崎警護があるため、ここで出世の限界……。

順風！

1817

さらなる出世のため国替えを強行する

長崎警護から外れるため、浜松への国替えを申請。潤沢な収入を捨てる行為に、家臣の大半は反対。しかし、忠邦は出世のために強行。

▶ 水野忠邦の栄光から転落まで

1839

ついに老中筆頭にのぼりつめる

30前半で老中になった忠邦は、40代半ばで筆頭老中に。前将軍が実権を握った間はおとなしくしていたが、その死後、前将軍派を一掃。

1841

質素倹約など次々に改革を行うも反発が…

人形浄瑠璃や、役者の浮世絵など、庶民の娯楽を禁止して、質素倹約を推進。当然、不満がたまった市中からは、忠邦への恨みの声が急増。

逆風！

1843

天下の悪法“上知令”で失脚

江戸の十里四方などを、幕府の直轄に変える“上知令”。範囲内に領地を持つ大名や旗本から猛反対にあって、忠邦は失脚の憂きめに……。

1845

2万石を召し上げられた後山形藩に“飛ばされる”

忠邦は2万石を減らされ、山形へと領地替え。家督も息子に譲らされて、強制的に隠居。しかし彼の改革の試み自体は、のちに再評価される。

実戦でこそ力を発揮した土方歳三の「本番力」

土方歳三（1835－1869）農民から身を起こし新撰組を実質的につくりあげた。〝鬼の副長〟と恐れられ、最強の戦闘集団を鍛錬。戊辰戦争も最後まで戦い、戦死。享年、35。

■土方歳三の執念と気迫

新撰組は幕末の京都で、治安を守った〝臨時警察〟です。人斬り集団と嫌う人もいますが、歴史をどちら側から見るかによって評価も違ってきます。

組のナンバー2として活躍し、最後まで戦い抜いて死んでいったのが土方歳三《ひじかたとしぞう》でした。もとをただせば、彼は農民。薩長側には低い身分から這い上がった人は多かったのですが、幕府側はあくまでも武士が中心でした。勝海舟や榎本武揚《たけあき》などは、むしろ、例外といえます。

その中で農民や浪人の剣術集団を率い、天下に名を轟かせた土方は異色の存在でした。剣の腕が立つだけでは、激動の幕末に名を残すことはできません。執念と気迫でのし上がった彼の生き方を、改めてみていきましょう。

そもそも土方が生まれ育った石田村（現・東京都日野市）は、幕府が直接に治める天領。大名が治める藩の土地と違って、年貢の徴収が緩やかで、農民には剣術を学ぶゆとりがありました。剣を学んだ土方は、腕を磨くほど武士への憧れを強めていきます。

少年期、大きな商家（松坂屋）に奉公しますが長続きしません。だからといって、いくら願っても当時の身分制度では武士にはなれない……。時代劇には、長屋に住む「牢人」が登場します。彼らは主家に仕えたことのある、キャリアを持った武士として扱われました。

一方、刀を差して武士らしくふるまおうが、土方は「浪人」。同じ〝ろうにん〟でも、こちらは不逞の輩と同じ目で見られています。

そんなおり、ついにチャンスが巡ってきました。14代将軍家茂《いえもち》の上洛の際、警護の「浪士組」を幕府が募集したのです。意気揚々と参加した土方たちを待っていた京都は、志士や不逞浪士が徘徊し、治安が極度に悪化していました。

とても奉行所の、役人だけでは手に負えません。京都守護職をつとめる会津藩の藩士は、不逞浪士と斬り合うような汚れ仕事は気が進まない。当時、武士は犯罪者を捕縛する人を〝不浄役人〟と呼んだほど、忌み嫌っていました。

土方はそこに目をつけ、自分の価値を見つけました。不逞浪士を取り締まり、治安を維持する。正規の武士にはできない、汚れ役を買って出ます。それが、のちの新撰組になるのです。

■土方はなぜ、本番に強かったのか

違反したら即切腹という、厳しさで有名な「局中法度《きょくちゅうはっと》」。新撰組の鉄の規律を作り、たとえ古参の隊士であっても、腹を切らせた土方。しかし、荒くれ集団をまとめて、一丸となって戦わせるには、鬼になる人物も必要です。

武士にとっての汚れ役をこなす新撰組をつくり、さらにその中でも強い組織にするために、土方は汚れ役を自ら受け持ったのです。汚れ役のナンバー2なんて、本当はイヤですよね。でも、京都を守るという使命のため〝壬生狼《みぶろ》〟と侮辱されても、彼はやり抜きました。

▶ 土方歳三が、「本番」に強かった理由

1

竹刀は弱いが、真剣になると強かったのは…

天領の喧嘩で、命のやりとりをしてきた土方は、竹刀より真剣で力を発揮するタイプ。池田屋事件でも、20名以上の敵に対して、最初に踏み込んだ新撰組はたったの4名。それでも援軍（土方ら）が来るまで、戦い抜いた。

2

上司から信頼を受けていたので迷いがない

組織の人事や、外部との交渉では、迷いがあると人は妥協する。しかし、土方は局長の近藤勇から全面的に信頼され、任されていた。そのため、ブレない姿勢で、徹底して問題に臨めた。ほかの隊士に嫌われても、気にしない。

3

手加減せず、徹底的に叩きのめす

新撰組の戦闘は、敵1人に対して3人で囲んで攻撃するのが基本。勝つためには、容赦しない必殺の陣形。組織の反対勢力も、手加減せずに叩き潰す。修羅場で中途半端に相手を許せば、あとで後ろから刺されると熟知している。

その結果、池田屋事件での活躍でハイライトを浴び、ついには幕府直参の旗本になることができました。

そんな土方ですが、何が凄いかといえば、とにかく斬り合いの本番に強かった。剣術も竹刀で仕合うとむしろ弱いのに、真剣になると物凄く強い。場数を踏んでいたこともありますし、下から這い上がるにはつねに、命がけだったこともあるでしょう。頭の切り替えも早く、鳥羽・伏見の戦いで官軍に負けてからは、自ら髷《まげ》を切って、洋装に切り替えています。

ただ、惜しむらくは手段の先の目的、武士になって何をするのか、というビジョンがなかった。そのために最後まで戦い続け、命を散らしてしまいます。

しかし、彼の生き方には学ぶヒントがあります。たとえば、いまも戦略とか頭で考えることは得意でも、実践になると使えない、という人も少なくありません。

本番に弱くては、結果を出せません。そんな人にはぜひ、土方の執念と気迫を参考にしてほしいと思います。

青春文庫

図説《ずせつ》「生《い》きる力《ちから》」は日本史《にほんし》に学《まな》べ
一人《ひとり》の男《おとこ》に注目《ちゅうもく》してこそ、人生《じんせい》はおもしろい

2016年11月20日　第1刷

著　者　加《か》来《く》耕《こう》三《ぞう》
構　成　佐《さ》野《の》　裕《ゆたか》
発行者　小澤源太郎
責任編集　株式会社プライム涌光
発行所　株式会社青春出版社

〒162-0056　東京都新宿区若松町 12-1
電話 03-3203-2850（編集部）
03-3207-1916（営業部）　印刷／中央精版印刷
振替番号　00190-7-98602　製本／フォーネット社
ISBN 978-4-413-09658-4